Couverture inférieure manquante

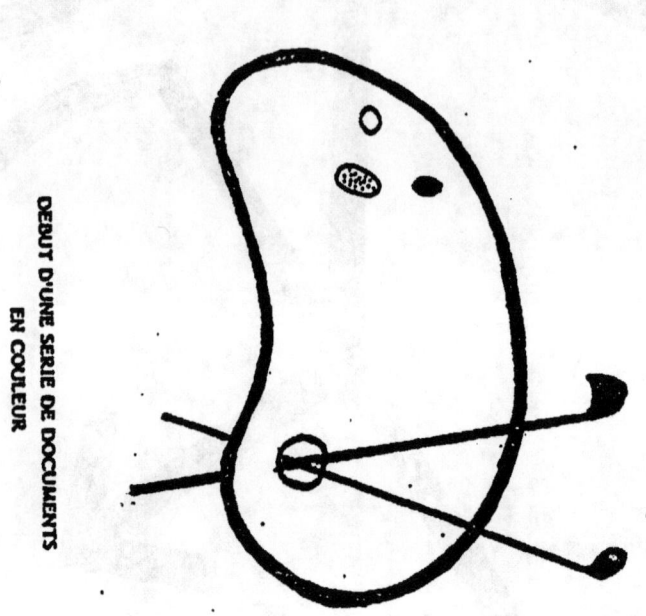

DÉBUT D'UNE SERIE DE DOCUMENTS EN COULEUR

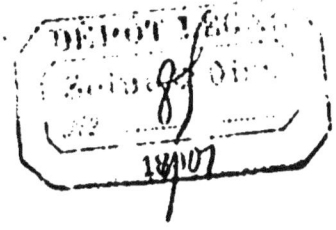

ESSAI
SUR
L'HISTOIRE DU POSITIVISME
AU BRÉSIL

PAR

M. Antonio-Gomes D'AZEVEDO SAMPAÏO

Avec une préface de M. PIERRE LAFFITTE
Directeur du Positivisme.

PREMIÈRE PARTIE

Prix : Un franc.

PARIS
Au siège de la Société Positiviste, 10, rue Monsieur-le-Prince.

RIO-DE-JANEIRO
Livraria Alves, rua do Ouvidor.

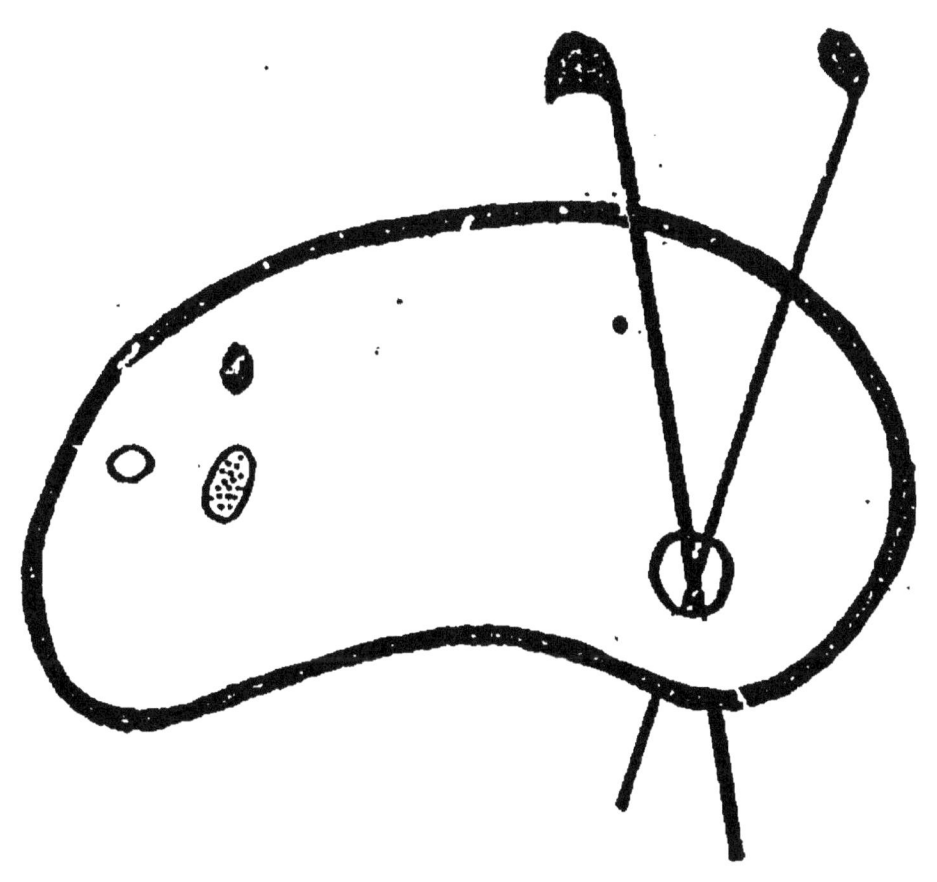

FIN D'UNE SERIE DE DOCUMENTS
EN COULEUR

ESSAI
SUR
L'HISTOIRE DU POSITIVISME
AU BRÉSIL

ESSAI

SUR

L'HISTOIRE DU POSITIVISME

AU BRÉSIL

PAR

M. Antonio-Gomes D'AZEVEDO SAMPAÏO

Avec une préface de M. PIERRE LAFFITTE
Directeur du Positivisme.

PREMIÈRE PARTIE

PARIS

Au siège de la Société Positiviste, 10, rue Monsieur-le-Prince.

RIO-DE-JANEIRO

Livraria Alves, rua do Ouvidor.

AU DOCTEUR LUIZ-PEREIRA BARRETO

Cher Monsieur,

A vous, je dédie cet *Essai* comme un hommage de reconnaissance, comme un suprême appel.

Comment écrire, même sommairement, l'*Histoire du Positivisme au Brésil*, sans vous nommer avant tous les autres et sans vous avoir tout d'abord proposé cette tâche? Toutes les qualités que vous réunissiez à un si haut degré, cette instruction encyclopédique, ce talent de publiciste, cette activité, qui faisaient de vous le propagateur par excellence, dès votre jeunesse et pendant les plus belles années de votre vie, vous les avez mises au service du Positivisme. C'est de l'histoire. Comme la génération qui vous a vu prendre l'initiative de ce mouvement philosophique existe encore, il serait facile, si quelqu'un voulait le contester, d'en appeler aux souvenirs d'un grand nombre de nos contemporains; ils vous rediraient, comme moi, quelles émotions généreuses cette propagande a suscitées dans tous les milieux actifs, dans tous les centres cultivés. Cette génération, remplie d'excellentes dispositions, est disséminée aujourd'hui en divers points du Brésil et de l'Occident; mais, quoique non groupée en un centre d'irradiation nationale, elle est cependant toujours là, prête à affirmer que le nom du Dr Barreto au Brésil, comme celui du Dr Barreda au Mexique, est inséparable des résultats les plus précieux de la propagande positiviste.

Néanmoins, tout en disant vos services, tout en déplorant la néfaste intervention qui vous les a fait suspendre, j'ai blâmé votre retraite prématurée, devenue si entière qu'elle semble celle d'un apôtre ayant perdu l'amour de son œuvre. Que votre vieille amitié me pardonne cet aveu; mais votre silence, l'éloignement où vous vous êtes tenu de la sphère des idées que vous aviez embrassées et défendues avec tant d'ardeur et de dévouement, me semblent plus qu'une faute.

En ces derniers temps, je le sais, votre personne a souffert dans ses plus chères affections, mais le recueillement ne doit pas exagérer l'action de la fatalité ; la religion de la douleur est aussi celle du relèvement ; dans sa majesté, elle domine, sans distinction aucune, tous les membres de l'espèce humaine, et il convient aux esprits supérieurs, initiés aux conceptions réelles des diverses manifestations du double milieu où nous vivons, de nous donner à tous l'exemple de la soumission au destin et de l'accomplissement du devoir social. De combien de chagrins la conviction d'y avoir employé tous ses efforts n'est-elle pas le baume consolateur ? A une ou deux exceptions près, vous savez comment, dans son double mode privé et public, notre existence, la vôtre et la mienne, a été identique. Eh bien ! ce n'est que dans la foi démontrée que j'ai trouvé le soulagement à mes peines, et puisé la force qui a ranimé mon courage dans l'accomplissement de la mission qui incombe à chacun de nous.

Vous, à qui je dois le bonheur de m'être uni à une société d'hommes en qui l'amour du *vrai* et du *juste* domine tous les intérêts; vous, à qui je dois de m'être converti à une croyance qui purifie et fortifie continuellement en moi, citoyen du Brésil, le sentiment de fraternité universelle, vous excuserez la franchise de mon langage et l'appel public que je vous adresse. Car, c'est ce bonheur même que vous m'avez procuré qui me fait si vivement déplorer que tant de mes concitoyens et de mes semblables ne se soient point encore ralliés à cette croyance, faute d'avoir pu apprécier toute la portée que lui assigne sa mission grandiose, parce que la voix qui la prêchait avec tant d'ardeur ne se fait plus entendre.

On ne comprend pas, au récit de votre œuvre, si digne, si louable, si efficace, que vous puissiez rester dans un éloignement qui vous annihile comme homme et comme citoyen. Ne vous y trompez pas, mon cher Monsieur, vos efforts, dans l'œuvre pratique à laquelle vous vous êtes consacré, ne profiteront guère à la nation ; ils ne sauraient, en tous cas, tenir lieu de l'œuvre où vous n'avez pas été remplacé.

Rappelez-vous les principes que vous nous prêchiez : Nous avons plutôt besoin, disiez-vous, de préparer des citoyens que d'introduire des innovations industrielles. Les améliorations techniques sont assez nombreuses, elles ne sont pas moins bonnes que celles que vous pourriez réaliser, et elles ne sauraient manquer jamais d'aliment, grâce à la cupidité de la classe qui les exploite, fût-elle encore plus limitée qu'elle ne l'est. Que tous ceux qui aiment de cœur et de raison leur pays cessent donc de s'abuser ! La Patrie, pour faire de ses enfants des hommes et des citoyens, a besoin d'écoles et de maîtres, mais surtout de maîtres.

Puissiez-vous, mon cher Monsieur, retourner à ce poste que vous avez laissé vacant et ressaisir ce bel étendard que vous tenez replié et qui n'a plus flotté parmi nous au souffle bienfaisant des aspirations sociales et morales. C'est de ce même organe d'où partit l'appréciation qui vous blessa que celui qui compte parmi les humbles soldats de cette petite armée formée et rassemblée par vous pour *vivre pour autrui*, dans l'*Ordre*, pour le *Progrès*, tient, comme positiviste et comme citoyen, à vous adresser ce suprême appel : La chaire est vide, elle a besoin d'être remplie. Si elle ne l'est par vous, elle le sera sans doute par un nouvel apôtre, mais avec moins de liaison et plus de retard.

A.-G. D'AZEVEDO SAMPAÏO.

Rio-de-Janeiro, le 17 Archimède 111 (11 avril 1899).

PRÉFACE

> Ils sont tombés dans les erreurs les plus grandes en elles-mêmes, les plus déplorables par leurs effets, pour avoir voulu brûler le temps... Résignons-nous à ne vouloir que ce qui est possible et à n'entreprendre que ce que l'état des choses nous permet d'exécuter.
> Auguste COMTE, 1817.

Le Positivisme a déjà pris assez d'extension et rendu assez de services à la science, à la philosophie, à la morale, à tout ce qui concourt au bonheur et à la paix des nations, pour que, dans les divers pays où il s'est développé, il y ait utilité à écrire l'histoire de ses premiers temps. Suivant en cela l'exemple donné par M. Agustin Aragon, pour le Mexique, M. A.-G. d'Azevedo Sampaïo a écrit un *Essai sur l'histoire du Positivisme au Brésil*. J'estime que la publication en sera très utile, en permettant à la propagande positiviste de tirer profit de la comparaison entre ces deux évolutions : dans la première, le plus normal développement se combine avec une subordination touchante et féconde de disciples à maîtres, tandis que, dans la seconde, on voit cette harmonie initiale troublée par une rupture qui, bien que fort bruyante, est restée très partielle, car, pour ne parler que des morts, les noms de MM. Guimaraës, Benjamin Constant, Silva Jardim, disent assez que la continuité a toujours été maintenue au Brésil. Or, la continuité est une des conditions nécessaires à la pleine efficacité de notre action. Si la valeur mentale du Positivisme tient essentiellement à sa méthode, à ses notions, à ses lois, son efficacité sociale exige la coordination de ses apôtres. N'est-ce pas, en grande partie, à son organisation sacerdotale que le catholicisme doit d'avoir prévalu malgré son dogme? Ne lui doit-il pas de rester encore, après la Révolution, un adversaire redoutable? Aveugle qui ne voit pas que c'est l'insuffisante organisation de la communauté scientifique en Occident qui constitue l'obstacle principal à la prépondérance politique et sociale de la religion de l'Humanité!

L'intérêt que j'attache à l'évolution du Brésil se lie aux souvenirs de ma première jeunesse. Mes aspirations, ma liaison avec Auguste Comte, la fonction de directeur du Positivisme, un enseignement public de quarante années, m'ont graduellement mis en relations avec un nombre considérable de personnalités émancipées de la théologie et animées de l'esprit positif, appartenant non seulement aux diverses nations de l'Europe et du continent américain, mais aussi aux populations de l'Orient, et parmi ceux qui y ont exercé une action durable, je puis citer le ministre qui présida à la transformation politique du Japon et Midhat-Pacha, fondateur du parti de la Jeune-Turquie. C'est avec le Brésil que j'ai inauguré cette longue suite de relations internationales; souvenir bien lointain, puisqu'il se rattache à l'époque où, au collège de Bordeaux, j'achevais mes humanités. Beaucoup plus tard — c'était peu d'années après la mort d'Auguste Comte — mes relations brésiliennes reçurent une extension décisive par l'adhésion à la religion de l'Humanité de M. Barreto et de ses amis. Leur apparition imprévue à Paris, au milieu de nous, fut un événement caractéristique dans notre évolution; ce fut, à la fois, une source de grandes satisfactions et un précieux renfort pour le groupe positiviste, bien uni, mais encore peu nombreux. Ces relations sud-américaines se sont multipliées par la suite; elles ont donné lieu à une correspondance que j'ai conservée pour servir à l'histoire de notre propagande au Brésil. Mes circulaires en ayant donné la substance, je me bornerai à rappeler ici ce que j'écrivais, en annonçant la mort de M. Guimaraës :

« Nous avions depuis longtemps, au Brésil, des amis dévoués,
« des coreligionnaires sincères, mais trop isolés et dispersés.
« Heureusement, leur nombre a augmenté, et, aujourd'hui, vrai-
« ment coordonnés et ralliés au centre, ils forment un groupe
« important et destiné à s'accroître considérablement. Je reçus,
« pour la première fois, une lettre datée de Rio-de-Janeiro du
« 22 août 1876, de M. Antonio-Carlos d'Oliveira Guimaraës, con-
« tenant une adhésion formelle, complète et motivée à la religion
« de l'Humanité et à son sacerdoce, dont je suis le plus ancien
« et le principal représentant..... Malheureusement, la mort est
« venue nous l'enlever au commencement de l'année 1878. Il était
« né à Rio-de-Janeiro, en 1839; il avait étudié à l'École poly-
« technique de cette ville, et lu pour la première fois les ouvrages
« d'Auguste Comte en 1858; il occupait la chaire de mathéma-
« tique élémentaire au collège de Dom Pedro II, et, de plus, exa-
« minateur d'admission aux écoles du Gouvernement; il fit chez
« lui plusieurs cours gratuits, notamment un cours d'arithmétique
« et de géométrie, en 1873. Il comprenait profondément la néces-

« sité de cette base inébranlable du dogme nouveau, ce qui ne
« nuisait aucunement à l'ardeur de son dévouement social et au
« sentiment profond qu'il avait de la religion de l'Humanité. »

Lorsque j'écrivais ces lignes, M. Miguel Lemos n'était pas encore rallié au groupe des disciples qui avaient donné à Auguste Comte leur concours moral et matériel. Son adhésion ultérieure avait fait espérer que son action se joindrait d'une manière heureuse à celle de notre important groupe brésilien. Mais, au lieu de s'imposer une subordination personnelle nécessaire, il donna l'exemple d'une suite d'actes perturbateurs. Pour juger de son œuvre, aujourd'hui qu'un nombre de plus en plus grand d'esprits croit à la possibilité d'une unité religieuse pleinement positiviste, il suffit de voir dans l'*Essai* de M. d'Azevedo Sampaïo ce qu'il a fait de celle qu'il avait trouvée établie au Brésil.

Le Positivisme a pour tâche fondamentale de parer au danger créé par le déréglement des forces mentales, aujourd'hui si puissantes; aussi est-ce à ses disciples tout d'abord qu'il incombe de donner un exemple caractéristique de la destination sociale de l'intelligence. J'eus soin de le rappeler à M. Miguel Lemos, dans le discours que je prononçai le 25 novembre 1880, lorsque je lui conférai le sacrement de l'aspirance au sacerdoce :

« Dès que des exemples décisifs auront été donnés dans ce sens,
« tous ceux dont le mérite, quoique réel, ne peut être utilisé au-
« jourd'hui, parce que, faute de direction, ils ne savent où se
« prendre, viendront se placer comme apôtres, auprès du sacer-
« doce régénérateur... Dans la vie privée, dans la vie publique, par
« la poésie, par l'art, ramenés à leur but et à leur dignité, ils ré-
« veilleront autour d'eux les énergies vraiment humaines, ils feront
« naître et croître, au sein de notre civilisation pacifique, la disci-
« pline volontaire en vue de l'Humanité...

« L'intervention modificatrice du sacerdoce ne devra résulter
« que de sa participation consultative aux affaires humaines et
« jamais d'aucun commandement direct. Cette destination récla-
« mera une supériorité morale assez intense pour consolider, par
« l'estime publique, l'ascendant spirituel dérivé du savoir, pour
« préserver les théoriciens de la tendance spontanée chez tous
« les hommes, mais prépondérante dans les natures médiocres, à
« substituer d'impératives prescriptions à une démonstration dis-
« cutable... Certes, la religion réelle ne réprouve pas l'enthou-
« siasme, mais elle le veut continu, persévérant et surtout com-
« biné avec l'expérience des choses, des hommes et de soi-même ;
« elle n'admet pas qu'on prenne la velléité d'un jour pour une

« détermination irrévocable, ni surtout qu'on entre de plain-pied
« dans la plus difficile des carrières à l'âge où l'on a soi-même plus
« de conseils à demander que d'enseignements à fournir. »

Les espérances que j'avais fondées sur M. Miguel Lemos ne se sont pas réalisées. D'abord, son avortement comme théoricien ne peut être contesté, puisqu'il l'a confessé lui-même ; de plus, après avoir rompu les liens qui nous unissaient, il s'est répandu en critiques violentes contre ma direction. Dans la 36e circulaire, j'ai dit ce que j'en pensais ; mon jugement ne l'a point convaincu ; mais comme ce qui s'est passé depuis n'a fait que le confirmer, je n'y reviendrai point. Nous serons, l'un et l'autre, jugés par nos œuvres.

Maintenant que le présent échappe de plus en plus à mon activité, ma pensée va vers l'avenir préparé par une propagande active et continue, propagande dont la statue d'Auguste Comte va marquer une nouvelle étape : elle se reporte surtout sur un passé formé d'un grand nombre de relations qui ont élevé si haut mes préoccupations sociales et morales, et d'affections qui ont charmé mon existence, depuis le milieu philosophique où j'ai le plus vécu jusqu'à cette petite patrie où se sont écoulées mon enfance et ma jeunesse. Comme le guerrier antique, fidèle jusqu'à la fin à la cause pour laquelle il a combattu, je me complais dans ces souvenirs lointains :

Et dulces... reminiscitur Argos!

Dans cet Elysée, dont la contemplation embellit ma vieillesse, l'image prépondérante et coordinatrice est celle du Grand Homme dont j'ai été l'ami et le disciple, du Fondateur de la religion dont j'ai, pendant quarante années, tenu le drapeau, déployé au grand jour.

Auguste Comte a exercé une action puissante sur son siècle. Son génie se révèle partout, aussi bien comme professeur et examinateur à l'Ecole polytechnique que comme philosophe et rénovateur religieux. Dans sa *Philosophie*, lorsqu'il montre l'espèce édifiant la synthèse de l'avenir, ou dans sa *Politique*, lorsqu'il déduit cette même synthèse de la théorie de la nature humaine, on le voit ferme dans la conception, ferme dans l'exécution, en tout d'une moralité mentale et sociale exemplaire. C'est un modèle d'unité cérébrale, et ceux qui ont méconnu sa puissance coordinatrice en sont restés discrédités pour jamais.

Son œuvre sociale a consacré à la fois l'Humanité et la Révolution française, dont la liaison résulte de sa *Sociologie*, le plus grand événement scientifique des temps modernes.

En donnant à l'homme et au citoyen, pour aimer, penser, agir, les moyens de se conduire en dehors de toute considération surnaturelle, Auguste Comte a établi, dans toute sa plénitude, le régime de la loi positive. Pour en assurer l'essor et la durée, il a fondé la religion de l'Humanité. L'aversion *a priori* des révolutionnaires pour cette œuvre transcendante se conçoit, étant donnée la confusion qui existe depuis tant de siècles entre les deux termes : théologie et religion. Mais, au point de vue positif, *religion* ne peut signifier que rapprochement des hommes entre eux ; ainsi conçu, sous son double aspect de règlement individuel et de ralliement, ce problème, qui est de tous les temps, ne peut plus recevoir désormais qu'une solution scientifique ; et à cette possibilité, à laquelle croient maintenant tous les esprits cultivés, Auguste Comte a donné l'appui durable de la démonstration.

Sa fondation religieuse peut être caractérisée par deux constructions capitales : la consécration de la liaison de la vie privée à la vie publique par des actes auxquels, en raison de l'importance qu'il faut y attacher, il a appliqué le nom de sacrements, et le *Calendrier positiviste*.

Le Calendrier est devenu, entre ses mains, un merveilleux moyen d'instruction et d'éducation. Pour rendre universellement populaires les noms et les œuvres des plus étonnants génies de l'Humanité, pour dégager cette notion prépondérante que l'Avenir doit être conçu comme le développement du Passé, il en a fait l'expression de toutes les grandes créations sociales et morales, la représentation de tous les antécédents de la civilisation occidentale. Ce système de commémorations est complété par la *Bibliothèque positiviste*, où se trouvent réunis les chefs-d'œuvre de l'esprit humain. Pour faire ce double choix, d'hommes et de livres, Auguste Comte était compétent ; sa mémoire prodigieuse, qui avait tout retenu, mettait tout ce qu'on pouvait savoir de son temps au service de son génie, un des plus puissants qu'ait enfantés l'Humanité.

Les grands hommes ont toujours été la manifestation la plus élevée de l'état social. Comte en est un exemple ; on trouve en lui les qualités du peuple républicain : il est franc, sincère, modéré, prévoyant, constant, généreux. Les Occidentaux du xx° siècle verront en lui le précurseur qui a traduit le fond de leurs pensées et de leurs aspirations.

Comte avait le plus profond respect pour la vérité ; il l'a cherchée avec une persévérance, une rigueur, une affection sans limite. Il avait une très haute opinion de l'homme, et il a indiqué les conditions les plus propres à lui assurer une liberté plus grande. Respecter la personnalité des autres, dans les actes, dans les opinions, lui semblait la grande caractéristique de la civilisation. Il ne s'agit pas, dans le nouveau régime, de comprimer, mais de régler, en précisant leur destination sociale, les fonctions légitimes et indispensables. Guidé par le souci de la dignité humaine, il a introduit, avec l'audace philosophique qui le caractérise, une utopie destinée à rendre la femme plus indépendante de l'homme. L'avenir dira s'il a dépassé le but; mais, en consacrant ainsi le grand rôle social que les femmes ont joué en France, il est resté le disciple de ce XVIIIe siècle où elles ont été le plus aimées et le mieux respectées.

Il en est de même relativement à la légitime indépendance populaire, systématisée et résumée par lui dans une formule désormais consacrée : l'incorporation du prolétariat à la société moderne. Pour la garantir, il a voulu, par la plus entière liberté spirituelle, associer le public au gouvernement; il faut pouvoir tout dire sur les hommes et sur les choses.

Cet ensemble de résultats progressistes doit caractériser la réorganisation positive, conçue comme le terme de la Révolution française, dont le début constitue, aux yeux de Comte, l'origine de l'ère nouvelle. Dans le régime moderne, tout date, en effet, de cette époque, la plus grande de l'Histoire; car elle est bien supérieure à la naissance du christianisme. En 1789 commence une Humanité nouvelle, éliminant la loi théologique pour prendre enfin possession d'elle-même. Aucun peuple encore n'avait conçu cette politique normale; c'est la gloire de la France d'en avoir pris l'initiative; de Condorcet d'en avoir le premier entrevu la nature; d'Auguste Comte d'en avoir formulé la loi fondamentale.

Le philosophe qui a donné de tels gages au progrès ne voulait certainement pas retourner en arrière. A ses contemporains émancipés, Comte conseilla d'honorer le passé, en s'appuyant, sans vaine imitation, sur les choses qu'il a établies. C'est dans le passé que l'on voit surgir l'ordre qui règle nécessairement tous nos progrès, puisque nous en sommes nés; ordre qu'il faut bien connaître pour faire de nouveaux pas en avant, sans tomber dans l'anarchie, sans provoquer la rétrogradation.

Pourquoi les positivistes voient-ils le nœud de l'Histoire dans le moyen âge? Parce que c'est l'époque où les populations occidentales se sont formées : c'est le moment où le régime industriel s'est ébauché, où la famille prolétaire a surgi, où le peuple est né ; il faut apprendre comment cela s'est fait. C'est ce qu'Auguste Comte a accompli dans cette théorie du moyen âge qui est une de ses gloires.

Comte n'est pas retourné au catholicisme pour l'avoir mieux apprécié que ses propres partisans : il ne lui a jamais donné de gages, et il est mort, comme il a vécu, en dehors de l'Eglise romaine. Il n'a pas voulu davantage restaurer la féodalité, pour avoir mis ses services au-dessus de ceux du catholicisme ; il a fait de la République positive, dont les origines immédiates sont liées à la lutte contre l'ancien régime, le procédé politique le plus apte à seconder l'incorporation du prolétariat. Pour Auguste Comte, cet ancien régime était mort, et il n'a pas dépendu de lui qu'il en fût de même pour toutes les âmes actives et généreuses.

Il faut être un esprit autrement fort pour devenir positiviste que pour rester révolutionnaire. Si, dans la pratique, il est plus difficile d'organiser que de détruire, en théorie, il est bien plus difficile d'expliquer que de nier. Puisqu'il n'y a pas de miracle, il faut bien que toute institution qui a duré ait eu sa raison d'être. Ce n'est, en effet, que quand on en connaît la loi qu'on est maître du phénomène, autant qu'on peut l'être.

La règle n'est donc pas de nier, mais de n'admettre comme définitif aucun principe *a priori* ; de ne jamais imaginer quand on peut observer ; de ne point rendre une conception plus compliquée que les phénomènes qu'elle doit représenter ; de ne jamais oublier qu'il y a plus dans le monde et dans l'Humanité que dans la philosophie, et que la complexité plus grande de la pratique par rapport à la théorie rendra toujours, dans la vie spirituelle comme dans la vie temporelle, un gouvernement nécessaire :

Pour compléter les lois, il faut des volontés !

C'est dans l'étude du passé que l'on voit se dessiner le rôle que les volontés doivent jouer, en même temps que l'on voit surgir la réalité qui les gouverne ; par elle, on conçoit pourquoi toute force — nécessairement représentée par le concours des contemporains — n'est vraiment prépondérante que lorsqu'elle a l'appui des ancêtres. L'ascendant, de plus en plus grand, du point de vue historique suffit pour montrer que cet empire nécessaire est de plus en plus reconnu et accepté.

Le Positivisme est le vrai socialisme, parce qu'il est le résultat transcendant des efforts de l'ensemble de nos prédécesseurs ; il repose sur le bon sens, base éternelle sur laquelle les grands hommes, qui se sont succédé de Thalès à Auguste Comte, ont construit le temple sacré où le genre humain trouve, à la fois, un guide et un appui, et à cet édifice tous les génies à venir mettront également leur empreinte. C'est parce que le Positivisme est leur œuvre collective qu'il constitue la doctrine relative par excellence, celle dont le gouvernement comporte le moins d'arbitraire, celle qui s'accommode le mieux des divers degrés d'adhésion, celle qui regarde chacun de ses adhérents comme autant d'agents de l'avenir qui se prépare. C'est en citoyen qu'il faut adhérer à la Politique et à la Morale positives, passant outre sur les divergences secondaires, pour ne voir que le but : Vivre pour la Famille, la Patrie et l'Humanité.

Là est le drapeau commun de tous ceux qui poursuivent l'avènement d'une éducation et d'une politique véritablement populaires. Pour tous les progressistes qui poursuivent le développement de l'ordre, pour tous les émancipés qui ne veulent ni révolution ni réaction, il ne doit y avoir qu'un mot de passe : la religion de l'Humanité.

Auguste Comte, son fondateur, a été le plus grand philosophe du XIX⁰ siècle et, j'ose le dire, de tous les siècles, parce qu'il a été le plus en avant de ses contemporains et la plus complète expression de tous les antécédents humains.

Bientôt sa statue s'élèvera au cœur de Paris, grâce au concours des diverses nations qui ont déjà bénéficié de son œuvre. Dans son *Essai sur l'histoire du Positivisme au Brésil*, M. d'Azevedo Sampaio fait justement remarquer que le pays qui doit son gouvernement actuel à l'initiative d'un des plus éminents disciples d'Auguste Comte, a contracté envers celui-ci une véritable dette de reconnaissance. Ce sera une digne façon de l'acquitter que de s'associer à l'hommage public qui va être rendu à la mémoire du grand homme, de plus en plus regardé, par ceux qui pensent, comme le Maître des Maîtres.

Pierre LAFFITTE.

Paris, le 23 Bichat 110, Boërhaave
(25 décembre 1898).

ESSAI
SUR
L'HISTOIRE DU POSITIVISME
AU BRÉSIL

> Tout est relatif; voilà le seul principe absolu. — Auguste COMTE, 1817.
> Inflexible en principe, conciliant en fait. — Auguste COMTE
> (*Synthèse subjective*, nov. 1856).

On peut dire, avec une précision mathématique, suivant l'affirmation d'Auguste Comte, son plus éminent organe, que l'histoire du Positivisme date du jour où l'homme, pour la première fois, put contempler le grandiose spectacle du monde organisé qui l'entoure; elle date certainement du moment où, par des manifestations variées, — à la suite de la lente évolution d'un milieu qui avait été jusqu'à un certain point impropre à son existence, — notre bienfaisante planète révélait à l'homme sa disposition à lui offrir un théâtre approprié aux aventures successives qui le conduiront à son point culminant, c'est-à-dire, à ce glorieux avenir, où, libre des dieux et des rois, l'Humanité constituera sa suprême providence.

Comme il n'est plus permis d'ignorer l'histoire systématique du Positivisme, qui embrasse à la fois celle de l'Homme et de l'Humanité, il faut que, d'un pôle à l'autre, on sache que cette histoire est écrite avec la plus grande exactitude par Auguste Comte, le plus puissant et le plus sympathique génie dont l'espèce humaine puisse s'honorer.

La commémoration du premier centenaire de la naissance d'Auguste Comte, célébrée publiquement, par ses disciples reconnaissants, dans la ville où reposent ses restes sacrés, offrait le moyen le plus naturel et le plus explicite de rendre hommage au Fondateur de la religion universelle. Cette solennelle manifestation a eu pour but, non seulement de glorifier tout ce qu'il a conçu et interprété de l'œuvre de ses prédécesseurs, mais elle a été aussi destinée à affirmer, devant toutes les nations, la situation favorable acquise déjà par sa doctrine. Telle est la double mission que cet anniversaire a fait assumer au centre occidental.

La soumission est la base du perfectionnement. L'admiration et la vénération que nous professons pour le grand esprit qui, à Paris et dans tous les endroits de la planète où sa doctrine a pu illuminer une conscience, dirige et gouverne tous ceux qui savent *Penser pour agir* et *Agir par affection*, nous ont fait accepter, sans hésitation, la mission d'exposer sommairement l'Histoire du Positivisme au Brésil.

En tout temps, et plus encore dans la période d'ascension, la divergence des efforts, comme des opinions, ne peut être que nuisible à l'action d'une doctrine. Il est sage de ne pas se croire, à tout propos, supérieur ou indépendant, quand il s'agit des autorités constituées légalement ou moralement. Rien d'ailleurs ne peut nous dispenser de suivre les préceptes que nous propageons et que nous voulons faire prévaloir.

Ce qui donne encore plus d'actualité à ce devoir, toujours nécessaire, c'est la grande manifestation qui se prépare pour associer à l'hommage rendu au Maître des maîtres tous ceux qui, à quelque nation qu'ils appartiennent, se reconnaissent ses obligés :

« Dans l'organisation de cet hommage public, écrivait à ce propos M. Emile Antoine, si l'on avait voulu tenir compte de l'ensemble des services rendus par Auguste Comte, il aurait fallu réunir à Paris, dans une même glorification, tous les admirateurs, à quelque degré que ce soit, du fondateur de la religion de l'Humanité, depuis les esprits qui se recommandent exclusivement de sa méthode jusqu'à ceux de ses disciples qui s'inspirent de sa doctrine pour la pratique de leur vie, privée et publique. Dans un pareil concours, l'hommage rendu ne s'adresserait pas uniquement au fondateur religieux, mais aussi à l'examinateur, au savant, au philosophe, à l'organisateur du culte des grands hommes, à l'éducateur, au guide politique, à l'auteur d'œuvres immortelles, dont le nom glorieux est devenu le patrimoine non seulement de la France, son pays, mais aussi de la République occidentale, véritable siège de son empire. Cette manifestation publique, où seront honorées toutes les phases successives d'une grande vie, qui devait aboutir à l'idéal le plus réel et le plus social qui ait jamais été donné comme but à l'activité humaine, sera la suite du centenaire. Il s'agit d'élever, en 1900, la statue d'Auguste Comte sur l'une des places de la rive gauche, conformément à la demande que M. Pierre Laffitte, au nom de la Société positiviste, se propose d'adresser au Conseil municipal de Paris. En choisissant pour l'époque d'inauguration l'année qui réunira, dans la capitale, nos concitoyens des diverses parties de l'Occident, cette manifestation traduira, sous une forme approchée, mais visible, l'ascendant du Positivisme, que viendra consolider et étendre ce témoignage international de commune fraternité philosophique. »

Le Centenaire de la naissance d'Auguste Comte (Rev. Occ., janv. 1898.)

Sous l'invocation du nom d'Auguste Comte, et à cette date solennelle de l'histoire de l'Humanité, qu'il nous soit permis de faire appel à nos confrères et compatriotes brésiliens, pour attirer leur attention sur la nécessité de fortifier dignement notre union avec le groupe central, placé, depuis plus de quarante ans, sous la direction de M. Pierre Laffitte, dont l'autorité, dérivée d'Auguste Comte, est tellement justifiée par son dévouement continu, qu'elle ne peut inspirer aucun ombrage à ses coreligionnaires ; et pour les conjurer de subordonner les considérations abstraites ou la poursuite d'un idéal que personne ne saurait atteindre à la nécessité de cette union, conformément à la maxime du Maître qui nous apprit à subordonner la théorie à la pratique et l'indépendance au concours, ses véritables disciples doivent, dans tous les cas, se montrer à la fois *inflexibles en principe et conciliants en fait !*

I

De la situation actuelle au Brésil.

Avant d'aborder l'objet de cet *Essai*, il est utile de caractériser, en quelques mots, la situation actuelle.

Nous vivons à une époque extraordinairement anormale, difficile à décrire, impossible à imaginer, pour quiconque n'est pas familiarisé avec notre milieu brésilien. Il faut cependant se faire une idée de l'état anarchique des esprits. Tandis qu'on en voit une partie succomber au mysticisme idolâtre d'une nouvelle maçonnerie, l'association de Saint-Vincent-de-Paul, qui a la prétention d'émerger seule du chaos, une autre partie de la société se laisse prendre aux filets du spiritisme le plus hypocrite et le plus cynique, ou aux dangereuses subtilités de l'hypnotisme, concourant l'un et l'autre à peupler nos hôpitaux de fous; un grand nombre vont se jeter sous les griffes de grossiers rebouteux, qui, au moyen de toutes sortes de sorcelleries, s'en prennent à leur santé et à leur bourse; d'autres se précipitent dans l'abîme du suicide, les uns après avoir épuisé l'échelle des sensations purement matérielles, les autres désespérés de leur impuissance à se créer un but élevé qui les arrache au doute et à l'ennui; un dernier groupe enfin, aussi hostile à l'idolâtrie qu'au mysticisme, se jette, par réaction contre l'Eglise catholique, dans les bras décharnés du protestantisme, sous ses formes multiples, ou va grossir notre franc-maçonnerie sans orientation philosophique et sans idéal religieux suffisant.

Au milieu de ce chaos, une partie de la population brésilienne, la moindre par le nombre, la plus grande par la doctrine, la plus éminente par la destination sociale, désolée devant le spectacle d'une dissolution dont elle connaît mieux qu'aucune autre les origines et le remède, est représentée par la famille positiviste. Mais, par suite de la fatalité des lois naturelles, bien que fortement et héroïquement engagée à restreindre et à combler l'abîme, elle n'a pu arriver à se placer à un niveau supérieur sans avoir, elle aussi, subi, dans son unité et dans ses relations, des déchirements que sa noble destination aurait dû lui éviter. Il est bien certain que si la force d'irradiation que le centre parisien développe ne se reflète pas sur lui avec la même intensité, par l'appui matériel et moral qu'il serait en droit d'attendre du centre brésilien, comme de tous les autres, cela tient à une circonstance dont le temps démontrera la nature transitoire et la valeur secondaire. Une règle invariable de mécanique sociale nous permet d'augurer qu'à une époque peu éloignée, une résultante compensatrice produira les effets que doivent engendrer la tradition et le pur dévouement social.

Signalons, en passant, un fait qui, bien que très caractéristique, échappe à l'observation de beaucoup ; c'est l'excellente disposition de la société brésilienne pour l'acceptation de la philosophie positive. D'une part, elle compte un grand nombre de personnes dont les sympathies n'attendent pour se manifester et se grouper que la formation d'un centre capable de les modifier, de les améliorer, de les mettre en communauté de foi avec les autres groupes positivistes ; d'autre part, elle possède une minorité d'esprits déjà préparés, à des degrés divers, en philosophie ou en politique, qui gardent la même attitude expectante, parce qu'ils ne se croient pas autorisés à prendre l'initiative de ce ralliement.

Mais cette situation même, résultée d'une élaboration plus ou moins prolongée, et non d'un miracle, nous la comprenons parfaitement, grâce à la vive lumière que projette sur elle la religion de l'Humanité ; c'est elle qui nous sert de phare et soutient notre courage, en nous liant par ses antécédents à l'avenir qu'ils ont préparé.

II

Antécédents politiques.

Ce que nous nous proposons, dans cet *Essai*, ce n'est pas d'exposer l'histoire complète du Positivisme au Brésil, mais d'esquisser, dans ses traits essentiels, le mouvement positiviste parmi nous, en le rattachant à la France, dont il est originaire.

Nous devons cependant insister sur la corrélation qui existe entre l'évolution française et l'évolution brésilienne au point de vue politique, avant de l'établir au point de vue philosophique.

Quiconque admet la loi qui régit le monde mental ne peut ignorer combien est intime et efficace la relation qui existe entre les peuples civilisés, et spécialement entre la France et le reste de la planète.

En tenant compte de cette relation, abstraction faite des modifications dues aux traditions ethniques et à l'action climatologique, d'où résultent des différences secondaires ou même négligeables, nous avons le moyen d'évaluer le degré de répulsion ou d'attraction que peut éprouver, dans un pays donné, un courant d'idées né au centre de l'Occident.

Or, notre filiation avec la France est évidente : toutes les révolutions qui l'ont agitée ont eu leur contre-coup dans notre pays.

La Révolution française a eu sa répercussion au Brésil. C'est elle, incontestablement, qui a déterminé l'*Inconfidencia Mineira* de 1789. Fomenté dans la capitainerie de Minas-Geraës, berceau de l'idée républicaine, ce mouvement émancipateur posait les bases de toute l'évolution ultérieure du Brésil : séparation du Portugal, abolition de l'esclavage, installation de la

République (1). Cette tentative, que la trahison (*inconfidencia*) fit avorter, fut punie de l'exil pour les individus compromis, et de la peine capitale pour le principal inculpé, qui fut pendu et écartelé (21 avril 1790); ce premier martyr de notre indépendance nationale se nommait Silva Xavier, dit le Tiradentes.

La Révolution de juillet 1830 détermina l'émeute de Rio-de-Janeiro du 7 avril 1831, qui provoqua l'abdication de l'empereur Dom Pedro Ier (2) en faveur de son jeune fils, le deuxième et dernier du nom.

On voit, non moins clairement, que la Révolution de 1848 inspira, à Pernambuco, où avaient déjà surgi les tentatives républicaines de 1817 et de 1824, le mouvement dirigé par Nunes Machado et quelques autres, qui payèrent de leur vie leur dévouement à la chose publique.

Quand la France vit se produire les événements de 1870, préparés par cette suite d'erreurs : l'apothéose de Bonaparte, le rétablissement de l'Empire et sa néfaste politique extérieure, qui eurent les conséquences dont nous avons été les témoins attristés, le régime républicain rétabli à Paris, le 4 septembre, trouva son écho ici, dans le grand *Manifeste républicain du 5 décembre*. Ce Manifeste, issu de la *Convention de Itu*, et signé par des hommes de grand mérite et d'énergie, réglait l'organisation du nouveau parti, parfaitement orienté et discipliné. Parmi ces hommes politiques, il faut distinguer MM. Americo Brasiliense, Saldanha

---

(1) Il est intéressant, pour les disciples brésiliens du philosophe né à Montpellier, de rappeler que c'est dans cette même ville de Montpellier que cette révolution fut conçue pour la première fois par de jeunes Brésiliens, Maciel et Vidal Barbosa, qui y faisaient leurs études médicales tout en s'inspirant des idées du xviiie siècle; de retour à Minas, leur patrie, ils en poursuivirent l'exécution et participèrent à la conspiration de 1789. (Voir la *Revue occidentale* de janvier 1892.)

(2) De son règne date la séparation du Brésil du Portugal, sa métropole, accomplie par l'institution de l'empire brésilien en 1822, sous l'inspiration du grand ministre José-Bonifacio de Andrada e Silva.

Marinho, Quintino Bocayuva, Rangel Pestana, Aristides Lobo, Olympio de Abreu.

Les idées que ce groupe propageait partout, dans les journaux, dans les clubs, dans les réunions, étaient déjà imprégnées du souffle positiviste, qui, depuis quelques années, inspirait quelques esprits d'avant-garde, et dont la puissance s'accrut au point de se faire sentir d'une façon caractéristique dans la Révolution du 15 novembre 1889, qui abolit la constitution monarchique de 1822 et proclama la République des Etats-Unis du Brésil.

Bien que cette révolution n'ait pas surgi avec un programme nettement positiviste et qu'elle n'ait pu avoir ce caractère au moment où elle fut organisée, en raison de la nature des diverses personnalités qui étaient solidaires dans la question militaire, cause occasionnelle de ce mouvement, néanmoins, elle ne pouvait manquer d'obéir à l'influence des idées, politiques et philosophiques, qui avaient déjà si profondément modifié notre civilisation, et qui ont été semées dans le monde par la Révolution française, dont le Centenaire recevait ainsi la plus digne commémoration.

Si, politiquement parlant, les antécédents occidentaux, surtout français, ont déterminé l'avènement du nouveau régime adopté par la nation brésilienne, il n'est pas moins vrai que le courant d'idées philosophiques émané d'Auguste Comte, ayant le même pays d'origine, a exercé assez d'influence pour mettre son empreinte, par l'adoption de quelques-unes de ses formules et de ses conceptions, dans la Constitution politique de la jeune République.

Ce que notre loi fondamentale contient de plus avancé à ce double point de vue, politique et philosophique, elle le doit à la coopération du maréchal Manuel Deodoro da Fonseca et du colonel Benjamin Constant Botelho de Magalhaës; le souvenir de leur glorieuse et inséparable intervention ne pourra que consolider, de plus en plus, les bases du nouveau régime.

Ni calculs ni intérêts d'aucune espèce ne sont venus ternir les sentiments élevés et généreux de ces deux fondateurs de la République brésilienne; l'un et l'autre se trouvaient en parfait accord avec les deux aspirations fondamentales des temps modernes : *Organiser la Société, sans Dieu ni Roi.*

Dans ce beau jour pour la Patrie, tous deux ont éprouvé l'immense sensation de se voir entourés d'autorité et de prestige : Deodoro, au nom de sa vaillante et glorieuse épée, Benjamin, au nom de son autorité morale toujours vénérée.

Le premier citoyen a obéi à la nécessité de déposer un ministère qui prétendait trancher une question de pure dignité militaire par la plus passive soumission; le second a tout subordonné pour voir triompher enfin le régime républicain, résultat qu'il avait systématiquement préparé, pendant de longues années consacrées à l'enseignement de la jeunesse.

C'est M. Benjamin Constant qui prit l'initiative du mouvement. Jouissant dans l'armée du prestige nécessaire pour entraîner officiers et soldats; formant le lien entre les militaires et le chef du parti républicain, M. Quintino Bocayuva; ayant les qualités de fermeté et de prudence nécessaires pour mener à bonne fin la conspiration républicaine, c'est lui qui en assuma la responsabilité et présida à son exécution en se mettant, le 15 novembre 1889, à la tête des troupes qui assiégèrent le gouvernement au quartier général. C'est de M. Benjamin Constant, « l'honneur de sa génération et de sa patrie, par l'exemple de ses vertus civiques et privées », que date l'intervention directe du Positivisme dans le gouvernement du Brésil.

III

Premières conversions au Positivisme.

Après ce double préambule, consacré à la situation actuelle et à ses antécédents politiques, nous abordons l'objet essentiel de ce travail. Il nous faut, en premier lieu, exposer brièvement quand et comment le Positivisme s'est implanté au Brésil.

On a dit que le Positivisme s'est répandu au Brésil grâce à l'action de la feuille hebdomadaire *El Eco hispano americano*, fondée et dirigée par M. Florez, dont l'initiative eut l'approbation d'Auguste Comte. Il est possible que ce journal ait fait connaître le nom ou les écrits du Maître à certains de nos compatriotes, mais il n'existe pas, que nous sachions, une seule conversion qui, de 1852 à 1872, ait été déterminée par cette publication.

Le grand prix que nous attachons à nos antécédents nous engage à signaler quelques faits, à titre documentaire. Les premiers germes de l'évolution spontanée du Positivisme au Brésil se manifestent dans des travaux sur la science mathématique, cette base inébranlable du dogme réel. Ainsi, M. Peixoto, dans une thèse de concours de professorat à l'Ecole centrale de Rio, donnait un résumé des vues du philosophe sur le calcul infinitésimal (1). C'est cette thèse qui attira l'attention de M. Benjamin Constant sur les travaux du fondateur du Positivisme, dont il étudia le *Cours de Philosophie* en 1857. M. Guimaraës, étant élève à l'Ecole normale, avait, dès 1858, lu des écrits d'Auguste Comte. Ce sont

---

(1) Pinto Peixoto. *Principios do Calculo differencial*, Rio-de-Janeiro, 1853. — Cette influence philosophique se retrouve dans les travaux de MM. Pereira de Sa (1850), Mauso Sayao (1851), Dias de Carneiro (1851), Barretto d'Aragoa, etc.

là des jalons précieux, il est vrai, mais insuffisants pour en tirer la filiation qui rattache soit M. Peixoto, soit l'introducteur des œuvres positivistes à l'École normale, au Maître lui-même. Ce qui est certain, c'est que la stabilité de ces précieuses conversions initiales est due à l'étude directe des œuvres du grand philosophe.

Parmi les personnes qui reçurent l'action personnelle d'Auguste Comte, nous devons signaler une dame brésilienne, Mme Nisia Brasileira (1), qui habitait alors Paris. Mais comme sa coopération, d'ailleurs anonyme, resta dominée par les idées métaphysiques, elle doit être comptée, non au nombre des propagateurs du Positivisme, mais seulement parmi ceux qui ont apporté à son Fondateur leur concours matériel et moral.

Les fils de la terre de Santa-Cruz peuvent néanmoins rattacher leur conversion à une action directe de la providence morale. Chaque fois que l'homme a eu besoin d'opérer une transformation complète, il n'a pu le faire que par l'entremise de la femme, comme associée ou inspiratrice. L'action des Clotilde sur les Clovis, des Berthe sur les Ethelbert, dans la christianisation de la Gaule et de l'Heptarchie, trouve son analogue dans la conversion du Brésil au Positivisme.

L'origine de cette conversion remonte au premier septénaire qui suivit la mort d'Auguste Comte; elle se rattache à un pays étranger, la Belgique, et son premier essor est dû à l'heureuse intervention d'une Française, Mlle Marie de Ribbentrop (2).

A cette époque, c'est-à-dire vers 1860, quelques jeunes Brésiliens s'étaient fixés à Bruxelles, les uns pour compléter leurs études préparatoires, les autres

---

(1) Ces relations durèrent de 1856 à la mort de Comte. Mme veuve Brasileira, née vers 1810, épousa depuis en secondes noces M. Faria Rocha. M. Lemos a publié les lettres de Comte à cette dame.

(2) Née à Metz en 1837, décédée à Paris le 28 novembre 1897.

pour suivre les cours d'enseignement supérieur. L'affinité naturelle qu'éveille en nous l'amour de la Patrie, surtout lorsqu'on s'en trouve éloigné, avait lié ces jeunes gens. D'un autre côté, Mme de Ribbentrop, attachée à une famille brésilienne résidant dans la même ville, avait pour élève une jeune fille, cousine de l'un d'eux, M. Luiz-Pereira Barreto. Cet heureux concours de circonstances amena des conversations qui éveillèrent l'attention de cet esprit curieux, animé d'aspirations généreuses.

Mme de Ribbentrop était très au courant des débuts de la religion de l'Humanité, des travaux de son fondateur et des actes de ses premiers apôtres. Fille d'un disciple enthousiaste d'Auguste Comte, élevée par lui dans la foi positiviste — elle n'en connut jamais d'autre — elle avait assisté, encore enfant, aux prédications du Maître au Palais-Royal ; elle avait suivi les cours de son successeur. Cette jeune dame, douce, aimable et bonne, était liée d'amitié avec Mme Robinet. C'était donc une personne bien renseignée et profondément convaincue, et ses révélations sur une rénovation mentale et morale dont M. L.-P. Barreto n'avait eu jusque-là le moindre soupçon, ne pouvaient manquer d'intéresser à la foi nouvelle cette âme ardente, capable de vouer à la vérité positive un dévouement chevaleresque. Ses entretiens, communiqués à ses camarades brésiliens, firent naître en eux la curiosité de savoir pourquoi la philosophie d'Auguste Comte, si vantée par sa jeune disciple, ne s'était point substituée, dans les universités de Gand et de Bruxelles, à la philosophie de Tiberghien, déjà suspecte à l'esprit analytique d'un siècle avide de démonstration.

Sans doute, des tentatives avaient été faites, à plusieurs reprises, pour introduire en Belgique la notion du Positivisme. On sait, par Auguste Comte lui-même, que M. Quételet, directeur de l'Observatoire de Bruxelles, avait utilisé le *Cours de philosophie positive;* plus tard, de 1848 à 1851, des articles de M. César Lefort et de M. Pierre Laffitte, sur la transformation religieuse du Positivisme, avaient paru dans une revue hebdomadaire de Bruxelles, *la Belgique démocratique.* Ce sont nos jeunes Brésiliens qui devaient de nouveau donner le signal d'alarme aux oreilles métaphysiques du monde universitaire.

Les étudiants, dont la curiosité avait été éveillée par la jeune messagère de la doctrine régénératrice, prirent la résolution de s'initier directement à la philosophie moderne qui avait vu le jour à Paris. Ils se rendirent au berceau de la foi nouvelle, 10, rue Monsieur-le-Prince; les divers pèlerinages qu'ils y firent leur permirent de s'assimiler les conceptions positivistes, exposées par M. Pierre Laffitte, et propagées de concert par le docteur Robinet et plusieurs autres disciples immédiats d'Auguste Comte, dont ils firent la connaissance. Ils se procurèrent les œuvres du Maître sur lesquelles reposait cet enseignement, ils en firent une étude approfondie, et Auguste Comte eut, dès lors, en eux des disciples avoués.

Les destinées du Positivisme au Brésil étaient désormais fixées. Il avait suffi que de jeunes étudiants studieux aient cherché à comprendre la vaste construction du grand philosophe, et s'en fissent les disciples, après avoir reçu l'initiation de son successeur, M. Pierre Laffitte. Nous devons signaler les noms de ces premiers propagateurs systématiques du Positivisme au Brésil (1) : M. Luiz-Pereira Barreto, né à Rezende; M. Joaquim-Alberto Ribeiro de Mendonça, né à Itaborahy, l'un et l'autre de la province de Rio-de-Janeiro, et Francisco-Antonio Brandao, originaire de la province du Maranhao.

---

(1) M. Coqueiro, qui publia un *Tratado de Arithmetica,* était aussi du nombre des étudiants brésiliens.

IV

Initiation du Brésil au Positivisme.

Lorsque les trois amis retournèrent dans leur patrie, ils étaient armés pour la lutte; ils avaient dans le cœur la foi nouvelle; ils emportaient avec eux des armes qui portent où les canons n'atteignent pas, une collection d'ouvrages que le directeur du Positivisme leur avait remis pour la propagande. Arrivés au Brésil, ils se séparèrent pour se fixer : M. Barreto dans le sud, M. Brandao dans le nord, M. Mendonça au centre, et, dans leurs milieux respectifs, ils commencèrent à répandre les notions positivistes. C'est à leur initiative que l'on doit l'introduction systématique du Positivisme au Brésil.

Le premier manifeste de cette heureuse transformation avait paru en 1865, à Bruxelles même. L'auteur, M. Brandao, docteur ès sciences naturelles de l'Université de Bruxelles, dédia à son confrère et ami, M. Barreto, son opuscule sur « *l'Esclavage au Brésil* » (1); il y traite, au point de vue de ses convictions humanitaires, une question sociale que venait de mettre à l'ordre du jour la récente abolition de l'esclavage aux États-Unis du Nord, et qui n'a été résolue chez nous que vingt-cinq ans plus tard : depuis le 13 mai 1888, il n'y a plus d'esclaves en Amérique.

Quoique déjà diplômés en Belgique, nos jeunes docteurs demandèrent la confirmation de leurs grades aux

---

(1) *A escravatura no Brazil precedida de um artigo sobre a agricultura e colonisaçao de Maranhao*, por F.-A. Brandao Junior; in-8°, Bruxelles, 1865. — M. Pierre Laffitte annonçait ainsi cette publication dans sa XVIIe circulaire (avril 1865) : « De notre intéressant noyau brésilien, si heureu-
« sement surgi depuis quelques années, est émanée une première ma-
« nifestation par une brochure due à notre jeune confrère, M. Brandao.
« Après quelques vues générales élevées, M. Brandao indique les moyens
« pratiques qui lui paraissent le plus convenables pour opérer au Brésil
« l'abolition *nécessaire* de l'esclavage. »

Facultés nationales, en soutenant devant elles des thèses positivistes. Cette ratification, par la légalité brésilienne, de leurs titres universitaires était la condition de l'efficacité de la propagande de la philosophie positive. C'est M. Barreto qui, le premier, à la Faculté de médecine de Rio-de-Janeiro, fit entendre le nom d'Auguste Comte et professa publiquement sa doctrine dans une thèse, véritable compendium moral de médecine, qui fit du bruit par l'originalité des idées qu'elle exposait (1).

C'est dans la province de Sao-Paulo, à Jacarehy, que débuta avec éclat le mouvement régénérateur. M. Barreto s'y était fixé pour exercer la profession médicale. Grâce à ses éminentes qualités, M. Barreto fut incontestablement celui qui a le plus contribué à faire connaître la philosophie d'Auguste Comte d'une extrémité à l'autre du Brésil. Doué d'une personnalité séduisante, apôtre enthousiaste, M. Barreto unissait les dons les plus divers. Sa réputation comme médecin et chirurgien, son remarquable talent de polémiste, son aptitude à intervenir dans toutes les questions abordées par la presse où s'imposait une solution positiviste, sa situation à

---

(1) En raison de l'importance de cette œuvre, qui fut pour M. Barreto une véritable profession de foi, nous reproduisons le titre et les principales subdivisions de cette thèse, soutenue devant une de nos illustrations médicales, M. Torres Homem :
Theoria das Gastralgias e das Nevroses em geral. These apresentada A'Faculdade de medicina do Rio-de-Janeiro, no dia 18 de Julho, de 1865, por Luiz-Pereira Barreto. — (Dédicace) : A'meu primo : D* José Pereira Leite e Silva, D* Joaquim-Alberto Ribeiro de Mendonça, D* Francisco-Antonio Brandao, *Solidariedade positiva*. — A'MEMORIA D'AUGUSTE COMTE. — A MM. P. Laffitte, R. Congreve, D* Audiffrent, Foucart, Robinet et Bazalgette. = Introduction. Classification positive des dix-huit fonctions du cerveau ou tableau synthétique de l'âme (Agir par affection et penser pour agir. Entre l'homme et le monde, il faut l'Humanité). — I. Physiologie de la digestion. — II. Considérations générales sur la névrose. — III. Des gastralgies. — Traitement (Ordre et Progrès. Vivre pour autrui. Vivre au grand jour).

Nous le répétons, au Brésil, personne avant M. Barreto n'avait eu le courage, en public, de confesser la doctrine de notre Maître et d'invoquer ses belles formules sociales et morales.

Sao-Paulo, qui lui donnait pour centre d'action un des meilleurs sièges de l'enseignement supérieur brésilien : tout a concouru pour que les lumineuses notions d'Auguste Comte fussent transportées de ce foyer dans les autres provinces; car il n'y en eut, pour ainsi dire, aucune qui échappa à l'influence, plus ou moins directe, plus ou moins parfaite, des convictions positivistes, dont M. Barreto s'était fait l'actif et principal propagateur.

Il suffira au but de cette sommaire exposition de caractériser, par un exemple, la manière suivant laquelle le docteur Luiz-Pereira Barreto et ses autres confrères préparèrent l'âme nationale, qui s'assimila la construction philosophique du plus puissant cerveau du xixe siècle.

Ils engagèrent d'abord la lutte au nom de la liberté de conscience et de la liberté politique. C'était l'époque où le parti libéral se faisait avec ardeur l'apôtre de la souveraineté populaire et séduisait les esprits plus avancés par des promesses de réformes successives; tous les membres de ce parti, et surtout ceux de la province de Sao-Paulo, s'incarnaient dans la personne du conseiller José Bonifacio. Ce beau talent, poète et écrivain de premier ordre, l'ornement de la tribune parlementaire, affecté de voir germer le grain de l'arbre qui lui semblait être le mancenillier de sa culture métaphysique, commença à se montrer hostile envers le promoteur de réformes plus radicales que les siennes.

Le défi porté par José Bonifacio dans la *Tribuna Liberal*, organe de son parti, fut accepté par M. Luiz-Pereira Barreto. Si le journalisme a perdu aujourd'hui beaucoup de son autorité morale, par suite de l'incrédulité qui a envahi cette profession et l'a, dans un trop grand nombre de cas, convertie en une pure entreprise industrielle, où la production des revenus est le principal but, il était, à cette époque, pour les esprits supérieurs, la plus puissante arme de combat. Le journalisme comptait encore quelques apôtres qui, à l'exemple d'Armand Carrel, souvent cité par Auguste Comte, en faisaient un véritable sacerdoce, digne de toute considération, soutenu par la foi qui avait présidé à sa fondation. Les deux adversaires apportèrent dans ce débat solennel tout ce qu'ils avaient de courage et de savoir, et tout le pays, avec un intérêt plus ou moins vif, s'y engagea avec eux.

De cette longue et très intéressante polémique naquit la conception du principal ouvrage du docteur Barreto, *les Trois Philosophies*. Dans ce livre, l'auteur fait une franche exposition de la philosophie positive, et il y montre brillamment l'adaptation que la théologie et la métaphysique doivent opérer, avec l'orientation nécessaire du progrès, pour continuer à agir sur la société brésilienne. C'est en 1874 que parut la première partie de cet ouvrage, la *Philosophie théologique* (1).

M. Barreto a rendu les plus grands services au Positivisme, et tous les disciples que notre doctrine comptera au Brésil devront lui rendre hommage, comme ayant été le promoteur de son essor initial et le directeur, de fait, de la première phase de son développement.

Cette propagande, aussi sage qu'ardente, qui soumettait les plus hautes questions à la méditation des esprits cultivés, engagea de nouveaux adhérents à entrer dans la carrière, en restant fidèles à cette tradition. En 1875, M. Benjamin Constant Botelho de Magalhaës, disciple avoué d'Auguste Comte (2), entrait comme professeur de mathématique à l'École polytechnique et conseillait à

---

(1) *As trez Philosophias*, 1ª parte : *Philosophia theologica*, par le Dr Luiz-Pereira Barreto, S.-Paulo, 1874.

(2) « Je suis, écrivait-il à sa femme (le 5 juin 1867), comme tu le sais,
« tout à ses doctrines, à ses principes, à ses croyances : *la religion de
« l'Humanité est ma religion.* » — En 1868, M. Benjamin Constant formait une société pour l'étude du Positivisme.

ses élèves la lecture de la *Géométrie analytique* et du premier volume du *Cours de philosophie positive*. Il poursuivit cette propagande de la logique et de la méthode positives partout où il eut à enseigner : à l'Ecole militaire, comme professeur de calcul infinitésimal; à l'Ecole normale, dont il fut le fondateur et le premier directeur, comme chargé du cours de mécanique rationnelle (1). Maître au savoir profond, éloquent, doué du plus noble caractère, M. Benjamin Constant formait la mentalité et la moralité de la jeunesse brésilienne, dont il fut l'idole, malgré sa proverbiale sévérité. Nombre de ses élèves, auxquels il avait su inspirer respect et admiration pour Auguste Comte, devinrent les disciples du grand philosophe.

M. Benjamin Constant fut un éminent vulgarisateur du Positivisme. Il ne prétendait le faire prévaloir « ni
« par la force, ni par des protestations acrimonieuses,
« ni par des censures relatives aux croyances et aux
« actes des personnes, mais uniquement par la discus-
« sion calme, respectueuse, bien dirigée, de manière à
« faire naître dans les esprits la conviction profonde de
« la noble et incomparable supériorité de notre doc-
« trine sur toutes celles qui ont en vain prétendu à
« ses hautes destinées, intellectuelles, morales et so-
« ciales (2) ».

(1) On sait comment, en 1873, il obtint au concours la chaire de calcul à l'Ecole militaire. Nous en empruntons le récit au discours prononcé, par M. Araujo, à la commémoration de M. Benjamin Constant, célébrée le 15 novembre 1891, par la *Société Positiviste de Paris*. « Avant de con-
« courir, il déclara au jury quelles étaient ses opinions philosophiques,
« s'avoua franchement adepte des doctrines d'Auguste Comte, en fit une
« rapide exposition et conclut en disant : qu'il comptait bien, s'il était
« nommé, faire du haut de sa chaire la propagande du Positivisme dans
« les limites de ce que comporterait la nature de la science dont il aurait
« à enseigner les principes; il ajouta qu'on ne devait pas s'y méprendre :
« socialement, *la Philosophie positive conduisait à la République*. »

(2) Lettre de démission de membre de la Société positiviste de Rio, adressée, le 26 janvier 1882, par M. Benjamin Constant Botelho de Magalhães à M. Miguel Lemos.

V

Fondation de la Société Positiviste de Rio-de-Janeiro.

L'évolution positiviste, sous cette sage impulsion, put enfin atteindre une nouvelle phase de son développement. Un noyau allait se former, et cette formation est toujours, dans un mouvement philosophique, le signe d'un progrès décisif — c'est l'église initiale, où désormais vont se produire des convictions nouvelles, où vont se consolider ou s'achever les croyances déjà créées ou ébauchées.

Le 1ᵉʳ avril 1876 fut inaugurée la première association positiviste qui ait existé au Brésil. Constituée à l'instigation de M. Oliveira Guimaraës, elle compta parmi ses autres fondateurs MM. Benjamin Constant, Alvaro de Oliveira, le Dʳ Joaquim Ribeiro de Mendonça, Oscar Araujo. L'esprit organique qui animait les fondateurs leur fit considérer comme secondaires des divergences qui pouvaient n'être que momentanées; c'est ainsi qu'ils admirent au nombre des membres deux jeunes disciples de Littré, élèves de l'École polytechnique, MM. Raymundo Teixeira Mendes et Miguel Lemos.

Cette fondation fut consolidée, le 22 août suivant, par l'adhésion que fit à la religion de l'Humanité son président, M. O. Guimaraës, dans une lettre adressée au successeur d'Auguste Comte, M. Pierre Laffitte.

Cette période fut des plus fécondes en publications de diverses natures. Cette même année 1876, le docteur Barreto publiait la seconde partie de son œuvre, consacrée à la *Philosophie métaphysique* (1). M. Ribeiro de Mendonça, neveu de l'ingénieur du même nom, tra-

---

(1) *As tres Philosophias*, 2ª parte : *A Philosophia metaphysica.* — Jacarehy (S.-Paulo), 1876.

duisait pour une revue médicale la *Théorie des Epidémies* du D' Audiffrent, puis il obtenait son doctorat en soutenant, devant la Faculté de médecine de Rio-de-Janeiro, une thèse pleinement positiviste sur la nutrition (1). Des journaux et des revues ouvrirent leurs colonnes à des expositions plus ou moins conformes à la doctrine positiviste; les jeunes gens qui y collaboraient firent aussi des conférences; l'attention publique fut ainsi davantage attirée vers les nouvelles doctrines philosophiques et sociales. Cette agitation, toujours plus ou moins superficielle et accessoire, trouve sa véritable utilité lorsqu'elle aboutit à un groupe préexistant qui rallie et coordonne les sympathies ainsi éveillées.

M. Guimaraës, centre de cette activité, était un excellent esprit, modeste, réfléchi, intelligent, des mieux organisés pour opérer ce ralliement. Il projetait une œuvre d'enseignement populaire supérieur : Auguste Comte, qui en prit l'initiative et traça le programme, avait, en 1848, fondé la Société positiviste pour en seconder la réalisation. Le premier pas de M. Guimaraës dans cette voie fut la fondation d'une Bibliothèque positiviste, destinée, suivant le choix établi par le Maître, à faire prévaloir le règlement des lectures usuelles, d'après un fonds commun à tous les esprits cultivés. Malheureusement, le 30 janvier 1878, une mort prématurée ravit, à l'âge de trente-neuf ans, M. Oliveira Guimaraës à l'œuvre de propagande, que son action bienfaisante avait dotée d'un perfectionnement capital, la formation d'un groupe. Sa mémoire n'a pas été oubliée, et c'est sur sa tombe, devenue un lieu de pèlerinage positiviste, que fut inaugurée, au Brésil, la Fête universelle des Morts (2).

Le 5 septembre suivant, jour du 21ᵉ anniversaire de

---

(1) *Da Nutriçâo*, thèse de doutouramento, Rio-de-Janeiro, 1876.

(2) Cette cérémonie fut présidée, en 1880, par M. Benjamin Constant; en 1881, par M. Annibal Falcao.

la mort d'Auguste Comte, cette première association fut renouvelée sous le titre de *Société positiviste du Brésil*, par MM. le docteur Joaquim Ribeiro de Mendonça, Alvaro-Joaquim de Oliveira, Benjamin Constant, Luiz-Pereira Barreto, Oscar Araujo et l'ingénieur Nicolao França Leite. Elle eut pour président le docteur Mendonça. Cette association ne venait point innover, elle se regardait comme continuant la précédente; comme elle, elle reconnut la direction de M. Pierre Laffitte et participa au Subside positiviste fondé par Auguste Comte.

Le mouvement positiviste au Brésil reçut une nouvelle impulsion grâce aux relations plus étroites de la Société de Rio avec le centre parisien. M. Miguel Lemos fut l'agent de ces rapports philosophiques. Il s'était rendu à Paris, avant d'avoir terminé ses études polytechniques, pour entreprendre des études médicales restées inachevées; il y séjourna de la fin de 1877 à janvier 1881. A son arrivée, M. Lemos regardait Littré comme plus grand que le Maître; correspondant brésilien de sa revue *la Philosophie positive*, il en avait reçu, selon ses propres expressions, « des preuves répétées de bienveillance littéraire ». Toutefois, « touché de trouver, malgré ses hérésies passées, un accueil vraiment fraternel » dans la Société de la rue Monsieur-le-Prince, et éclairé par les leçons de M. Pierre Laffitte (1), M. Lemos reconnut

---

(1) « M. Laffitte faisait alors, tous les dimanches, un cours de Philo-
« sophie première (a). Je n'avais jamais vu un maître aussi sympathi-
« que, aussi instruit, aussi lumineux; sa parole simple, familière, s'ani-
« mait parfois et communiquait à l'auditoire peu nombreux qui l'en-
« tourait l'enthousiasme des grandes causes. Les leçons duraient deux
« heures, souvent plus, mais on sortait de là avec l'avant-goût d'une
« régénération universelle. On y sentait un monde nouveau, une reli-
« gion qui surgissait, consacrée déjà par l'abnégation de ses adeptes et
« par le martyre de son fondateur... J'entrepris... la lecture de la *Poli-
« tique positive*. L'aide puissante que je trouvai dans les leçons de
« M. Laffitte me rendit *clair* ce qui, peut-être, m'eût paru profondé-

(a) Ce cours eut lieu du 16 décembre 1877 au 12 mai 1878.

enfin la supériorité mentale de l'auteur de la *Philosophie positive* et le génie social du fondateur de la religion de l'Humanité. Il demanda à entrer dans la Société positiviste de Rio (1). L'année suivante, il convertit, à son tour, M. Teixeira Mendes : l'un et l'autre participèrent au Subside positiviste central, et reconnurent publiquement M. Pierre Laffitte comme successeur d'Auguste Comte (2). A leur suite, de nouveaux membres, restés jusqu'alors comme eux attachés à M. Littré, vinrent s'agréger à la Société de Rio, dont ils formèrent la majorité (3).

L'année qui vit augmenter ainsi le nombre des membres de la Société positiviste fut aussi signalée par diverses publications. Le docteur Mendonça publia la traduction des *Circulaires d'Auguste Comte*, ornée du portrait du Maître (4), puis celle des notes sur l'*Esprit positif* recueillies à son Cours populaire d'astronomie (5). L'ingénieur Nicolao França Leite, outre différents articles écrits pour le *Jornal da Tarde*, de Sao-Paulo, édita les conférences qu'il avait faites dans la même ville, en 1873 et 1874, notamment sur la femme et sur l'éduca-

---

« ment obscur dans une autre situation. » — Miguel Lemos, *Rapport* de 1881.

(1) L'acte de réception de M. Lemos est du 9 octobre 1879. Il eut pour parrains MM. Benjamin Constant Botelho de Magalhaës, Alvaro-Joaquim de Oliveira et Oscar Araujo.

(2) M. Teixeira Mendes dédia sa *Patria Brazileira* (1881) à « mon vénéré maître, Pierre Laffitte, directeur du Positivisme, successeur d'Auguste Comte ».

(3) Voici l'état des souscripteurs au Subside brésilien pendant les années : 1878, 1879, 1880.
  6   7   13

(4) *As Circulares da Fundador do Positivismo*, traduzidas pelo doutor J.-R. de Mendonça. Sao-Paulo, 1880, 1 vol. in-12. = Le Dr Mendonça compléta cette publication, en 1882, par la traduction des *Circulaires de M. Pierre Laffitte, successeur d'Auguste Comte*.

(5) *Do Espirito positivo*, por Auguste Comte (notes d'un disciple extraites de la revue *la Politique positive*), Sao-Paulo, 1880, 1 vol. da *Bibliotheca Util*.

tion publique. Cette même année, la lutte fut vigoureuse entre les positivistes et leurs adversaires. Diverses accusations contre le Positivisme donnèrent lieu à des réfutations de M. Teixeira Mendes, qui n'hésita pas à mettre à profit la presse pour les communiquer au public. De son côté, le Dr L.-P. Barreto, dans une suite d'articles qu'il réunit en volume sous le titre *Positivisme et théologisme* (1), soutint une brillante polémique contre un pasteur protestant qui l'avait provoqué.

L'année 1880 vit également surgir au Brésil l'institution du culte des Grands Hommes. La Société positiviste célébra, le 10 juin, la commémoration du Camoëns, avec le concours de MM. Teixeira Mendes, Annibal Falcao, du Dr Teixeira de Souza et du sculpteur Almeida Reis, qui, pour embellir cette première manifestation en l'honneur d'un type du Calendrier positiviste, fit don à la Société du buste du grand poète portugais.

Enfin, le Dr Mendonça institua, cette même année, la célébration des deux premières fêtes publiques positivistes, celles du 5 septembre (1880) et du 1er janvier (1881). Elles furent suivies de deux autres manifestations du culte public des Grands Hommes, sous l'initiative de M. Pierre Laffitte, consacrées l'une au centenaire de Turgot, dont la conférence commémorative fut faite par M. Miguel Lemos (20 mars 1881), et l'autre au centenaire du grand poète tragique espagnol, Calderon de la Barca, dont l'éloge fut prononcé par le Dr Teixeira de Souza (25 mai 1881).

A cette date, une modification venait de se produire dans la direction du mouvement positiviste au Brésil. Le Dr Mendonça avait transmis, le 11 mai 1881, la présidence de la Société positiviste à M. Miguel Lemos.

Pour apprécier cette modification, il faut résumer la

---

(1) *Positivismo e theologia*, Sao-Paulo, 1880.

situation léguée par M. Mendonça, d'après les traditions créées par MM. Barreto, Guimaraës, Benjamin Constant et leurs collaborateurs, qui tous avaient poursuivi la propagande dans l'union, la concorde et le respect de l'indépendance des divers éléments concourants. La Société positiviste du Brésil, ayant son siège à Rio-de-Janeiro, possédait vingt membres (1); un nombre déjà considérable de personnes faisaient profession d'être les adeptes de l'Ecole positiviste, dans les provinces d'Espirito-Santo, Pernambuco, Céara, Maranhao, Minas-Geraës, Rio-Grande-do-Sul et surtout de Sao-Paulo, ce foyer d'où la propagande positiviste a graduellement rayonné dans tout le Brésil, et dont la capitale, seconde ville de l'Empire, comptait, dès le début de la nouvelle direction, un nombre assez grand d'adhérents prêts à se constituer en Société positiviste affiliée au centre de Rio.

M. Mendonça avait cru devoir transmettre sa fonction à M. Lemos, en raison de la consécration dont celui-ci avait été revêtu par le successeur d'Auguste Comte. Avant de quitter Paris, M. Miguel Lemos avait, en effet, reçu le sacrement de l'aspirance, qui le consacrait, du moins à titre provisoire, au sacerdoce de l'Humanité, dont M. Pierre Laffitte était et est resté le légitime représentant. Croyant répondre aux vœux de ses coreligionnaires, M. Pierre Laffitte conféra à M. Lemos, le 1er juillet 1881, le titre de Directeur provisoire du Positivisme au Brésil, fonction qui supposait un esprit fort, pénétré de la méthode positive, éminemment relatif, mûri par l'expérience. La décision du successeur d'Auguste Comte fut acceptée sans observation. M. Miguel Lemos, alors âgé de vingt-sept ans, concentrait ainsi en sa personne toutes les attributions de la propagande.

(1) Rapport de M. Miguel Lemos, année 1881.

VI

La Direction provisoire du Positivisme au Brésil.

Le mouvement de la propagande positiviste, qui avait suivi jusqu'alors un essor normal, subit une modification brusque dans sa discipline et dans sa direction. Sans qu'il soit besoin d'entrer dans le détail d'incidents regrettables (1), il est nécessaire d'indiquer ici les faits les plus saillants de cette crise.

Dans une première phase, qui va du 1er juillet 1881 au 14 juillet 1883, l'action perturbatrice s'exerça d'abord sur les éléments positivistes nationaux ; dans une seconde, qui dura quatre mois, elle s'étendit à la direction même du Positivisme siégeant à Paris.

Dès son installation, M. Miguel Lemos donna au groupement la dénomination de CENTRE POSITIVISTE DU BRÉSIL. Comme à Paris, il institua les réunions régulières de la Société positiviste, dont il se proclama le président *perpétuel*; il la dota d'un subside et la pourvut d'un siège permanent, Travessa do Ouvidor, au centre de la capitale. De concert avec MM. Teixeira Mendes, Teixeira de Souza, Annibal Falcao, etc., il continua l'œuvre commencée, par des fêtes, des conférences, des expositions plus ou moins systématiques; il intervint dans les affaires publiques et fit un grand usage de la presse périodique.

M. Miguel Lemos « ayant contribué plus qu'aucun autre à accréditer chez nous le littréisme », se voua d'abord à exposer, à Rio, puis à Sao-Paulo, la vie et l'œuvre de Comte et de son successeur. Outre les trois fêtes positivistes fondamentales, auxquelles il ajouta

(1) Nous reviendrons sur ces incidents dans la seconde partie de cet *Essai sur l'histoire du Positivisme au Brésil.*

celles du 14 juillet et du 7 septembre, consacrée à l'indépendance nationale, le Centre positiviste du Brésil commémora, en 1882, Pombal et Sainte-Thérèse; en 1883, Mahomet et d'Alembert. Son directeur inaugura, en 1882, le culte domestique, en conférant à M. Teixeira Mendes le sacrement du mariage.

L'enseignement débuta par un cours du dimanche sur l'ensemble du Positivisme, que M. Teixeira Mendes renouvelle chaque année depuis 1881. Deux autres cours furent commencés en 1882, l'un de mathématique, par M. Mendes, l'autre sur l'histoire générale de l'Humanité, par M. Lemos (1). Tout faisait espérer une activité féconde en résultats.

Mais, suivant sa conception de la propagande, conception graduellement développée et basée sur l'assimilation de tous les positivistes aux membres du sacerdoce, M. Miguel Lemos en arriva à penser que nul ne devait faire partie du groupe brésilien s'il ne renonçait à toute fonction politique, à toute participation à l'enseignement officiel, secondaire ou supérieur, et à tout emploi de la presse périodique. L'application, de plus en plus inflexible, de ces principes, si contraires aux usages pratiqués jusqu'alors, non seulement au Brésil, mais dans les pays occidentaux quelconques, et du vivant même d'Auguste Comte, ne tarda pas à produire ses conséquences naturelles.

Le résultat de cette interprétation arbitraire de la discipline se manifesta par l'élimination de tous les antécédents dont l'activité était considérée par le Directeur provisoire comme incompatible avec la doctrine.

(1) Ces fêtes et enseignements eurent lieu dans diverses salles publiques du Congrès brésilien, du Lycée des Arts-et-Métiers, du Lycée littéraire portugais, de l'Ecole polytechnique, etc. Nous renvoyons nos lecteurs, pour les particularités de cette propagande, aux comptes rendus que M. Miguel Lemos publie chaque année depuis 1881. Le dernier paru se rapporte à l'année 1896.

M. Barreto, justement blessé de l'appréciation faite par M. Miguel Lemos d'une de ses publications, s'était tenu à l'écart de la nouvelle direction (1). M. Alvaro-Joaquim de Oliveira refusa son concours au nouveau directeur, qui jugeait sa double situation de professeur de chimie à l'École polytechnique et d'ingénieur public comme inconciliable avec la qualité de positiviste (24 décembre 1881) (2). M. Benjamin Constant, radicalement opposé à la méthode suivie et se trouvant dans les mêmes conditions que « son ami et confrère », donna également sa « démission irrévocable » de membre de la Société (26 janvier 1882) (3). Enfin, devant l'insistance de M. Lemos à regarder comme condition *sine qua non* de leur confraternité l'abstention de toute fonction politique, M. le Dr Mendonça, président honoraire de la Société positiviste de Rio, suivit ses confrères dans leur retraite (mars 1883) (4).

(1) Suivant M. Lemos, « le docteur Luiz-Pereira Barreto était exclu de « fait par ses déplorables erreurs, condamnées, disait-il, par l'organe of- « ficiel du Positivisme (Voir, dans la *Revue occidentale* du 1er janvier 1881, « *mon* article à son sujet, écrit avec l'autorisation préalable de M. Laffitte « et pleinement approuvé par lui après lecture). » — Note de M. Miguel Lemos, dans son rapport de 1881 (p. 86, édit. brésilienne).

M. Laffitte refusa d'insérer cette note dans la publication qu'il fit de ce rapport dans la *Revue occidentale*.

(2) Les membres du Centre positiviste du Brésil, au nombre de vingt-cinq, dans une adresse à leur directeur, approuvent sa conduite et expriment l'espoir que « le successeur d'Auguste Comte, le souverain « pontife actuel de l'Humanité, condamnera l'insubordination de « M. Alvaro de Oliveira *contre l'autorité légitimement constituée* » (28 décembre 1881). M. Lemos, en reproduisant cette adresse dans son *Rapport* de 1881, s'en remettait à M. Pierre Laffitte pour infliger « au « coupable la correction spirituelle qu'il mérite ». = M. Laffitte refusa sa sanction et n'inséra point dans sa *Revue* la partie du rapport relative à M. Oliveira.

(3) M. Benjamin Constant ne revint jamais sur sa démission.

(4) Au sujet de M. Mendonça, M. Laffitte, consulté, répondit à M. Lemos : « Votre action resterait purement restrictive, au lieu d'être affirmative « et positive. Je ne puis donc nullement approuver votre intention ! » (20 février 1883.) Et, dans une lettre du 8 juin 1883, la dernière, M. Pierre Laffitte maintint sa décision.

Le refus motivé du Directeur du Positivisme de consacrer aucunement cette manière de procéder, qu'il estimait « dangereuse » et qui ne lui semblait convenir ni à un membre du sacerdoce, « dont la fonction est de se faire croire », ni à plus forte raison à un aspirant, ne put ébranler M. Lemos (1), qui, se refusant à reconnaître, dans une telle interprétation, la *vraie* doctrine d'Auguste Comte, finit par donner, le 14 juillet 1883, sa démission simultanée d'aspirant au sacerdoce et de Directeur provisoire du Positivisme au Brésil.

Resté président perpétuel de la Société positiviste de Rio, M. Miguel Lemos étendit sa conception absolue de la discipline intérieure jusqu'à la Direction centrale elle-même. Il s'en sépara avec éclat, pour des motifs auxquels il a donné la plus grande publicité possible. D'abord, dans une lettre personnelle en date du 15 novembre, il avisa M. Pierre Laffitte de sa décision; puis il la motiva, le 3 décembre suivant, dans une *Circulaire à tous les vrais disciples d'Auguste Comte*, portant la devise : *La soumission est la base du perfectionnement*. Dans cette circulaire, la Société positiviste de Rio, considérant que M. Pierre Laffitte, en héritant de sa famille, avait « violé le plus fondamental de tous les devoirs moraux du nouveau pouvoir spirituel », déclare que, de ce jour, il a cessé d'être son chef (2).

---

(1) M. Lemos, résolu de maintenir à tout prix son interprétation, avait tenté de ramener M. P. Laffitte à son opinion. « Je me vois obligé, » lui écrivait-il le 24 mars 1883, « de vous demander *respectueuesement* de « vouloir bien revenir sur les décisions signifiées dans votre réponse. »

(2) On lit ce qui suit dans la *Circulaire* adressée par la Société positiviste de Rio *à tous les vrais disciples d'Auguste Comte*, datée du 3 décembre 1883 et signée de vingt-cinq de ses membres :

« Au nombre des principaux devoirs, nous avons compris, *dès le début*, l'obligation pour *tout positiviste*, théoricien ou praticien, de ne pas accepter de places politiques pendant la phase empirique de la transition... Mais l'un des membres de notre Société ayant montré, à cet égard, des tendances divergentes, le directeur brésilien eut à combattre cette manifestation... Comme cette personne s'obstinait dans son erreur,

VII

L'Apostolat positiviste du Brésil.

M. Miguel Lemos, en rompant avec M. Pierre Laffitte, se fit chef à son tour. Une nouvelle direction indépendante venait donc s'ajouter à celle qui avait été établie, en 1878, par M. Richard Congreve et le D' Audiffrent, et qui s'était presque aussitôt départagée entre ces deux dissidents. Des relations s'établirent entre ces der-

le directeur brésilien, afin de détruire une fois pour toutes de tels abus, s'adressa alors à M. Laffitte, *lui demandant sa sanction officielle* pour exiger d'une manière explicite, de la part de tous les membres de notre centre, la plus grande fidélité à cette attitude prescrite par Auguste Comte...

« M. Laffitte déclara que le précepte dont il s'agissait devait être mis au nombre des conseils... Selon lui, la règle n'était absolue que pour ceux qui se vouent au sacerdoce.

« Nous ne chercherons pas à retracer l'étonnement dont nous fûmes saisis... Il y avait là une infraction voulue et systématique de l'un des points fondamentaux de la conduite publique que le Maître a tracée à ses disciples. La confiance achevait ainsi de disparaître... lorsqu'une révélation inattendue vint rompre définitivement le faible lien qui nous rattachait encore à M. Pierre Laffitte.

« Nous apprîmes que celui qui prétendait être regardé comme le successeur d'Auguste Comte et accepté comme second grand prêtre de l'Humanité, avait hérité de sa famille... Il ne s'agissait pas maintenant de la violation d'un point de doctrine, susceptible, d'après les difficultés de son application, de recevoir une interprétation sophistique ; nous étions en présence d'*une faute de la plus grande gravité*, se rapportant au plus fondamental de tous les devoirs moraux du nouveau pouvoir spirituel. M. Laffitte ne remplissait même pas les conditions d'un simple aspirant au sacerdoce !

« Pour juger une telle situation, tous les positivistes, instruits ou ignorants, ont pleine compétence...

« Nous n'avons pas hésité un moment... (a). Une conduite différente eût été mentir à notre conscience, trahir nos engagements et mystifier un public très au courant des conditions morales auxquelles le sacerdoce positiviste doit satisfaire...

« A partir de ce jour, M. Laffitte a cessé d'être notre chef. Tel est le grave événement que nous portons aujourd'hui à votre connaissance. » — Voir M. Lemos, Rapport de 1883.

(a) « Lorsque M. Jorge Lagarrigue passa avec nous un jour (A Rio, le 9 septembre 1883), en nous racontant sa visite chez M. Laffitte, à Bordeaux, il fit allusion incidemment à un héritage de celui-ci. M. Lagarrigue peut rendre témoignage de l'effet foudroyant que cette révélation inattendue nous causa. *Nous n'avons plus hésité*. — M. Lemos, Rapport de 1883, p. 33.

— 30 —

niers et le nouveau chef brésilien, qui ne se reconnut, à leur égard, aucune sorte de subordination.

Comme nous l'avons vu, l'interprétation donnée par M. Miguel Lemos à la doctrine relative par excellence avait, dans l'espace de deux ans, abouti à l'élimination de tous les précurseurs du mouvement positiviste au Brésil ; mais, loin de s'émouvoir de la retraite successive des divers membres fondateurs de la Société positiviste de Rio, M. Miguel Lemos y avait vu une « épuration » nécessaire et la condition préalable de son maximum d'action apostolique. Il ne cacha pas davantage la satisfaction que lui causa sa séparation d'avec la direction centrale, suivie de la rupture de ses relations avec le groupe parisien et de la cessation de toute participation au Subside consacré par Auguste Comte (1).

Libre de toute entrave, M. Miguel Lemos allait pouvoir organiser enfin, à sa façon, la propagande normale. Placer le groupe brésilien au premier rang des centres positivistes, en l'amenant « au point de vue pleinement synthétique », d'après la stricte fidélité à ce qu'il appelait les principes d'Auguste Comte, tel fut son but.

Pour l'atteindre, M. Miguel Lemos renonça à l'usage de salles publiques et concentra toute son activité dans le local du Centre positiviste du Brésil.

Il renonça également à faire des cours sur un ou plusieurs des éléments de la hiérarchie scientifique, estimant que ces cours doivent être encyclopédiques ou n'être pas ; il réduisit l'enseignement systématique annuel à une exposition dominicale sur l'ensemble du Positivisme, d'après le *Catéchisme*, complétée par des conférences spéciales, soit sur les grands types du Calendrier positiviste, soit sur des sujets particuliers.

(1) La souscription du Centre positiviste brésilien au Subside positiviste occidental de Paris montait, en 1883, à 200 francs pour trente-huit souscripteurs.

Il combina cet enseignement avec des interventions civiques; mais comme il se refusait absolument à alimenter le journalisme, sous aucune forme (1), il eut recours, pour les communiquer au public, à l'emploi de bulletins et de brochures qu'il distribua gratuitement.

Enfin, il continua de pourvoir au culte public et privé, en « perfectionnant » le rituel d'Auguste Comte (2). Il adjoignit à l'ensemble des célébrations établies, religieuses et civiques, les deux fêtes de la Femme (1884) et de Mme de Vaux (1887). Bien que, à son avis, « personne dans le Positivisme ne pouvait encore se dire prêtre de l'Humanité », et quoiqu'il eût, en ce qui le concernait, renoncé à aspirer à cette haute fonction,

---

(1) « Je suis tout à fait décidé, écrivait-il au Dr Dubuisson, à suivre, avec « une entière fidélité, les conseils et préceptes d'Auguste Comte, et par « conséquent à ne plus alimenter le journalisme, *sous aucune forme.* » M. Lemos, Rapport de 1883. *Lettre à un positiviste français* (12 novembre 1883).

(2) Exemple tiré du *Rapport* de M. Miguel Lemos *pour l'année* 1885 :
« Voici le cérémonial que j'ai institué ici (pour la présentation) :
« Je fais asseoir à ma droite les parents de l'enfant, et à ma gauche les parrains. Sur la table qui est devant moi se trouvent *l'encrier en argent et la plume en or* qui servira pour la signature de l'acte du sacrement. Le registre de ces actes se trouve aussi sur la table à gauche, et à droite un exemplaire du *Testament d'Auguste Comte* (édition spéciale) richement relié, avec des fermoirs en argent. Ces objets sont exclusivement affectés à ces cérémonies.
« Après avoir fait l'invocation : *Au nom de l'Humanité*, et récité la formule sacrée, je prononce, assis, l'allocution sacramentelle. Cette allocution, qui ne doit pas être longue (une heure au plus), consiste essentiellement dans l'exposition des devoirs des parents et des parrains et dans une appréciation sommaire des patrons choisis pour l'enfant.
« Après le discours, je me lève pour recevoir les engagements des parents d'abord, et ensuite des parrains; ils répondent *en posant la main droite* sur l'exemplaire du *Testament d'Auguste Comte* que je leur présente successivement. Cela fait, je prononce, en me tournant vers le tableau qui domine notre salle, la *Vierge* de Raphaël, symbole de l'Humanité, une courte *prière* en actions de grâces, adaptée au sacrement de la Présentation. Cette prière finie, je prends l'enfant des bras de sa mère et je lui donne, en signe de communion, *un baiser sur le front*. Je procède ensuite à la lecture de l'acte, préalablement rédigé, je signe, et j'invite les parents, les parrains et les témoins spéciaux à signer aussi. La cérémonie se trouve ainsi terminée. »

— 32 —

M. Miguel Lemos administra néanmoins les sacrements de la présentation et du mariage, et présida à des commémorations funèbres. Ayant limité le champ de son activité positiviste à l'apostolat, dont il résuma le rôle en ces termes : *prêcher, combattre, rallier*, M. Miguel Lemos donna au centre de Rio la dénomination d'APOSTOLAT POSITIVISTE DU BRÉSIL, et s'adjoignit, en qualité de vice-directeur, celui de ses collègues qui pourvoyait, pour ainsi dire exclusivement, à l'enseignement dogmatique, son beau-frère, M. Raymundo Teixeira Mendes.

Durant cette période, où l'action resta lente et obscure (1), M. Miguel Lemos se consacra à la traduction portugaise du *Catéchisme positiviste*, qui lui fournit l'occasion d'introduire des « simplifications » et des « améliorations » dans notre langue nationale (2). Cette réforme était tout au moins prématurée, pour ne rien dire de plus.

Si, grâce au travail cérébral de nombreuses générations et de tant d'esprits supérieurs, la langue de Luiz de Camoëns et d'Herculano se condense dans ce char-

---

(1) Voici l'état des souscripteurs au Subside brésilien pendant les années 1884, 1885, 1886, 1887, 1888, 1889.

34	51	48	49	52	53

(2) « Notre traduction, disait M. Miguel Lemos, est sous presse, mais « le travail typographique se poursuit très lentement, à cause des « soins redoublés qu'exige la revision du texte portugais où j'ai in- « troduit, pour la première fois, des *améliorations* orthographiques. » *Circulaire* de 1887. — « Cette réforme se réduit à une *simplification* « cohérente de notre orthographe, la plus anarchique de toutes celles « de l'Occident, mais en conservant seulement notre alphabet actuel. « Je crois avoir résolu ce problème secondaire dans la juste mesure de « nos besoins actuels *(a)*. » *Circulaire* de 1888.

A cette occasion, rectifions une erreur de M. Miguel Lemos : « Pour « faire notre traduction, a-t-il dit, nous avons mis entièrement de côté « la dernière édition donnée par M. Laffitte, où les changements apportés « au texte sont *très défectueux*. » M. Lagarrigue, en citant cette déclaration dans son édition française du *Catéchisme*, a eu la prudence de supprimer cette autre assertion de M. Lemos : « Il est à regretter que M. Congreve « se soit conformé, dans la deuxième édition de sa traduction anglaise, à « l'édition laffittéenne. » Or, ainsi qu'on peut s'en assurer en se reportant à la première édition (1858) de sa traduction, M. Congreve était lui-même

(a) *Orthographie positive*. Rio. — *La question de la réforme orthographique*, Paris, 1888.

mant trésor, source opulente et inépuisable d'une aussi grande richesse sociale, prêtant sa voix à la Patrie et à l'Histoire, dans les époques de grandeur ou de défaillance, pour fortifier ou éveiller les sentiments ; à quelles expressions décharnées la singulière théorie d'ébranchage de M. Miguel Lemos ne réduirait-elle pas les gloires nationales que ces formules littéraires ont pour but de transmettre à la postérité, en les revêtant de la vie plus ou moins correspondante à chaque génération !

Le son est une vibration qui passe ; plus ou moins frappée, ou plus brève ou plus longue, accompagnée de certains gestes et lancée avec un certain effort de la gorge, cette vibration produit une sensation qui améliore ou dégrade l'âme humaine. Ce n'est pas seulement la précision de la pensée ou l'exposition simple et nue des paroles qui ont constitué les traits d'éloquence qui ont immortalisé les orateurs célèbres. Lorsque ces artistes formulaient leurs belles pensées, il n'est pas douteux que toutes les formes d'origine, qui dans la technique grammaticale expriment racine et investiture, concouraient à exalter le sentiment qui animait les Démosthène, les Cicéron, les Danton.

Nul n'a le droit d'ignorer, et les réformateurs moins que personne, que les langues humaines, comme les couches géologiques du globe, renferment, dans leur structure intime et morphologique, les impressions, les vestiges, les témoins des forces sociales qui y collaborèrent. Aussi la réforme de M. Lemos fut-elle fort mal

---

l'auteur de ces changements *très défectueux* ; de plus, c'est sur ses instances réitérées, qu'ils furent adoptés par M. Pierre Laffitte, afin, disait-il dans l'édition de 1874, « que le livre le plus élémentaire et le plus usuel « d'enseignement positiviste fût identique chez les deux populations qui « ont les premières accueilli la doctrine régénératrice ». — Non seulement M. Richard Congreve n'a jamais rectifié le dire de MM. Lemos et consorts, mais il s'en est fait l'éditeur : « Cette édition, disait M. Lagarrigue, dans « son *Avertissement*, est publiée aux frais des églises brésilienne et an- « glaise, respectivement dirigées par M. Lemos et M. Richard Congreve. »

4

accueillie par les appréciateurs de la langue portugaise.

M. Miguel Lemos continua à critiquer, à juger, à condamner, avec la même brutalité, son ancien directeur et ceux de ses confrères qui s'étaient séparés du centre de Rio, soit avant la crise finale, comme MM. Alvaro J. d'Oliveira, Benjamin Constant, le D*r* Mendonça (1), soit après, comme M. Silva Jardim, aussi bien que ceux qui, à l'exemple de M. L.-P. Barreto, avaient refusé de s'associer à son œuvre. Et, bien que M. Miguel Lemos ait finalement reconnu que le motif capital invoqué par lui, en 1883, contre M. Pierre Laffitte se trou-

---

(1) Pour caractériser cette phase et donner une idée de la façon dont l'Apostolat entendait exercer la fonction de *juge*, nous citerons un extrait (pages x à xvii) de la préface à la *Philosophie chimique d'après Auguste Comte*, Rio, 1887, écrite par M. R. Teixeira Mendes, en réponse aux *Aperçus sur la chimie*, publiés en 1883, par l'ancien membre de la Société positiviste de Rio, M. Alvaro J. d'Oliveira :

« Heureusement, M. Lemos est allé à Paris et s'y est converti à la religion universelle... C'est alors que nos *pédantocrates*, soi-disant positivistes, ont commencé à s'alarmer. Ils avaient, après la mort de M. Oliveira Guimarães, transformé la Société fondée par celui-ci en une autre affiliée à M. Laffitte, à laquelle M. Lemos prêta son adhésion en entraînant celle de ses amis. A son retour, M. Lemos a été mis à la tête de cette société... Dès lors, on a saisi le premier prétexte pour abandonner la Société positiviste, et l'on s'est efforcé de faire croire que c'était dans l'intérêt même de la Religion de l'Humanité que l'on procédait ainsi... On s'est donné des airs de vrais adeptes du Positivisme, en feignant de se vouer à l'étude de sa base scientifique... A leur tête est le disciple ingrat qui a poussé l'oubli au point de s'être intitulé second grand prêtre de l'Humanité, sans avoir même rempli les conditions de l'aspirant au sacerdoce. C'est à cette dernière espèce qu'appartiennent nos *chétifs sophistes* et la *situation brésilienne est très favorable à leur développement*.

« Si l'on ne possède pas assez d'ardeur sociale pour accepter les nouveaux devoirs, ou si l'on n'a pas l'élévation morale qui prédispose à leur acceptation, les instincts égoïstes réagiront sur l'intelligence et l'on deviendra aveugle. Alors on commencera par rejeter les prescriptions morales du Maître et l'on finira par mettre en doute toute son œuvre, y compris les plus simples réflexions mathématiques. C'est l'histoire de tous les jours. Un professeur de mathématique à l'Ecole militaire de Rio (a) s'est chargé récemment d'apporter une nouvelle confirmation à cette vérité (Voir notre brochure : *Une erreur prétendue d'Auguste Comte*. Lettre de MM. Lemos et Mendes à M. le D*r* Benjamin Constant Botelho de Magalhaës, Rio, 1885). »

(a) M. Benjamin Constant.

vait nul et non avenu (1), il ne modifia en rien ni son attitude, ni sa méthode d'interprétation, qu'il couronna par un autodafé (2).

L'essor du groupe dirigé par M. Miguel Lemos restait stationnaire, lorsque la prédiction de M. R. Teixeira Mendes vint se réaliser. Cette « situation brésilienne », qu'il déclarait « si favorable au développement » des « chétifs sophistes » et « pédantocrates soi-disant positivistes », ralliés à la direction de M. Pierre Laffitte, allait porter au gouvernement leur principal représentant, M. Benjamin Constant, et, par la plus heureuse des transformations politiques, tirer de son obscurité, à un degré inespéré, l'Apostolat positiviste du Brésil.

(1) M. Richard Congreve, qui avait fait aussi un héritage, ayant, pour sa propre justification, communiqué à M. Miguel Lemos une lettre du 26 septembre 1855, dans laquelle Auguste Comte répond au docteur Foley : « Surtout, il faut considérer que cette règle est propre à l'état
« normal et ne pourra convenir à la transition que lorsque le Subside
« positiviste garantira pleinement l'existence des théoriciens ; en sorte
« que *j'accepterais moi-même ma part de l'héritage paternel*, fût-elle
« plus grande qu'elle ne le sera jamais. »
M. Lemos, en reproduisant cet extrait, ajoutait : « Ce texte est décisif...
« Le Maître a parlé, et il ne nous reste qu'à *nous soumettre* à sa parole,
« qui est pour nous humainement infaillible. Il va sans dire que *ceci
« ne change rien* à la légitimité de l'ensemble des motifs qui nous sé-
« parent du prétendu successeur d'Auguste Comte. Cette incompatibi-
« lité est même devenue de plus en plus profonde. » — M. Lemos,
Dixième circulaire annuelle, 1889. Annexe A.

(2) Voici comment M. Lemos a motivé cet acte dans une note de sa *Huitième circulaire* : Un positiviste russe, « qui avait reçu de M. Con-
« greve le sacrement de la destination sacerdotale », M. Frey, « nous
« appelle *fanatiques* et nous compare aux insulteurs anonymes de la
« presse anglaise. Il se montre plein d'horreur contre nous, et nous
« accuse de tendances inquisitoriales, parce que j'avais annoncé la des-
« truction systématique d'un mauvais livre *de M. Laffitte* (sic). Je pro-
« fite de cette note pour déclarer, au risque d'effrayer encore les héré-
« tiques, que *nous avons accompli* déjà *cette destruction nécessaire*. »
N'en déplaise à M. Lemos, ce livre utile n'était point de M. Laffitte; il se composait de notes reproduisant surtout la partie technique de son cours d'arithmétique de 1875, tout imprégné des considérations philosophiques et historiques de la *Synthèse subjective*. M. Audiffrent, qui assista à la première partie de cette exposition, et retarda même son départ de Paris pour entendre une leçon de plus de ce cours mémorable, aurait pu l'apprendre à son jeune admirateur brésilien d'alors.

VIII

*Résultats, au point de vue positiviste,
de l'avènement de la République.*

Le triomphe de la République vint donner une vigoureuse impulsion à la propagande positiviste; non seulement parce que ce régime est l'expression temporelle, plus ou moins approchée, de la doctrine propre à l'état normal de la raison humaine, mais aussi parce que c'est grâce à l'un des plus éminents apôtres de cette doctrine que ce régime a pu surgir au Brésil. La foi positiviste, universellement connue, de M. Benjamin Constant et la noblesse avec laquelle il voulut oublier les offenses adressées par l'Apostolat au savant, au politique, au positiviste, concoururent, avec la situation républicaine, à tourner les sympathies civiques vers le groupe qui — bien que n'étant pas, il s'en faut, l'expression complète du mouvement positiviste dans notre pays — passait pour représenter une doctrine envers laquelle la nation brésilienne venait de contracter une véritable dette de reconnaissance. De là, de nombreuses recrues (1), qui atténuèrent, sous ce rapport du moins, les inconvénients de la rigide application des principes arbitraires dont M. Lemos regarde le maintien comme indispensable à son gouvernement.

L'Apostolat du Brésil, qui retira de si grands avantages de la Révolution de 1889, ne l'avait ni prévue, ni préparée. Il avait même fait de quelques-uns de ses principaux agents l'objet de ses réprobations spéciales : M. Quintino Bocayuva, le chef élu du parti républi-

(1) Voici l'état des souscripteurs au Subside brésilien pendant les années 1889, 1890.

cain (1); M. Silva Jardim, l'un de ses plus ardents apôtres et son orateur populaire, mort si tragiquement dans le Vésuve; et surtout M. Benjamin Constant, son homme d'État : les deux directeurs de l'Apostolat se glorifiaient encore de ne lui être en rien redevables de leurs convictions positivistes (2) au moment même où celui-ci, sans aucun concours de leur part (3), entraînait

(1) Aux élections de 1883, la Société positiviste de Rio avait adhéré à la candidature républicaine de Quintino Bocayuva. Mais celui-ci étant « devenu, quelques jours avant les élections, rédacteur en chef d'une « feuille financière *(le Globe)*, nous retirâmes notre appui politique au « *journaliste incurable*. Cette tentative de rapprochement auprès du « parti républicain nous démontra encore une fois l'impuissance orga- « nique de la doctrine démocratique, favorisant l'exploitation du peuple « par les rhéteurs et les sophistes alliés aux chefs industriels. Le Posi- « tivisme seul pourra délivrer le peuple de cette *honteuse domination* ». M. Lemos, Rapport de 1881 (*Revue occidentale*, p. 131).

(2) Dans une brochure, écrite dans un ton des plus regrettables, *A Nossa Iniciaçao no Positivismo* (Notre initiation au Positivisme), publiée à Rio, en août 1889, MM. Miguel Lemos et Teixeira Mendes s'attachent à démontrer, « sans réplique possible, que l'influence de M. Benja- « min Constant a été tout à fait étrangère à une telle initiation (a). Lorsque « nous écrivions cette brochure, nous étions loin de prévoir que M. Ben- « jamin Constant jouerait quelques mois plus tard, à la surprise de « tout le monde, le grand rôle politique que nous savons et qui *révéla* « chez lui *une supériorité* morale et civique qui s'était, pour ainsi dire, « conservée *jusque-là à l'état latent* ». M. Lemos, *Neuvième circulaire annuelle* pour 1889 [datée du 15 mai 1890, imprimée en mai 1891].

(3) « *Deux jours après* la Révolution du 15 novembre, — dit M. Mi- « guel Lemos, dans sa *Neuvième circulaire*, — lorsque nous nous fûmes « assurés du véritable caractère de la transformation qui venait de « s'accomplir, nous avons été porter au ministre de la guerre [M. Ben- « jamin Constant] une adresse d'adhésion... Dans sa réponse, il nous « raconta familièrement ses travaux et ses pensées à partir du moment « où il résolut de prendre la direction du mouvement républicain; il « nous retraça le tableau des poignantes émotions éprouvées par lui « au cours de ces préparatifs et au moment où la lutte allait s'engager. « Il nous dit qu'au milieu de ses préoccupations patriotiques, il regretta « souvent que nos divergences *l'eussent privé de notre concours.* » M. Lemos ajoute : « Je tiens à donner un résumé assez exact de cette « mémorable entrevue, malgré ce qu'on y peut trouver de trop flat- « teur pour nous, car je suis convaincu qu'elle aura sa place dans l'his- « toire du Positivisme. » Cette page mérite, en effet, de figurer dans cet *Essai sur l'histoire du Positivisme au Brésil*.

(a) M. Teixeira Mendes dédia sa *Patria Brazileira* (1881) au « Dr *Benjamin Constant, qui le premier m'amena à méditer les œuvres d'Auguste Comte* ».

déjà son parti et l'armée dans l'action qui devait doter notre Patrie d'un gouvernement républicain.

Au pouvoir, M. Benjamin Constant n'oublia point qu'il était le disciple d'Auguste Comte. Sous l'Empire, il avait déclaré qu'il servirait sa foi dans les limites que comportait sa fonction ; il y fut non moins fidèle comme ministre de la République. Il la servit, en effet, lorsqu'il fit adopter la devise *Ordre et Progrès* ; lorsqu'il se rallia à la proposition de M. Demetrio Ribeiro, sur la séparation de l'Eglise et de l'Etat, qui devint une loi de la République (1). Il la servit lorsque, ministre de la guerre (de novembre 1889 à mai 1890), il élabora, pour les écoles militaires préparatoires à l'Ecole supérieure de guerre, un programme encyclopédique, destiné à initier les élèves aux sciences abstraites, depuis la mathématique jusqu'à la biologie, la sociologie et la morale ; lorsque, au ministère de l'instruction publique, dont il fut le premier titulaire (de mai 1890 à janvier 1891), il institua à Rio l'enseignement laïque intégral, libre et gratuit, à tous les degrés, afin de former un personnel qui n'existait pas au Brésil, en donnant à l'enseignement spécial une vaste et solide préparation générale. Il la servit encore lorsque, concurremment avec les écoles de l'Etat, il assura à l'initiative privée la création de Facultés libres assujetties toutefois, pour la délivrance des diplômes, aux programmes officiels.

---

(1) On lit dans la *Neuvième circulaire*, pour 1889, de M. Miguel Lemos :
« M. Demetrio Ribeiro, ministre de l'agriculture, *était un enfant exclu-*
« *sif de notre propagande (a)*, et il arrivait au pouvoir avec le pro-
« gramme positiviste à la main. Toutefois, c'était M. Benjamin Constant
« qui avait la haute autorité, et de lui allait dépendre l'issue de cette
« mémorable tentative... Malheureusement, ajoute M. Lemos, M. Benja-
« min Constant *n'était pas préparé pour un tel rôle politique...* ; il man-
« quait des lumières théoriques et pratiques que la situation réclamait.
« Son adhésion insuffisante au Positivisme l'empêchait d'accepter les
« vues et de mettre en pratique les solutions politiques indiquées par
« Auguste Comte, et que nous n'avions cessé de propager. » (Page 13.)

(a) « Tous les membres de l'Apostolat s'engagent : 1° A ne pas accepter de places politiques. » (Page 4 de la même circulaire).

Un homme d'une aussi haute valeur, intellectuelle et morale, ne songeait pas à imposer sa doctrine, mais il ne cessait de s'en inspirer. Placé au point de vue relatif, et tout en conservant la plénitude de ses opinions systématiques, il a surtout cherché à en appliquer ce qui lui paraissait opportun et possible. Cela suffit à sa gloire.

Peu de jours après avoir quitté le pouvoir, ce grand citoyen mourait, sans recourir à aucune assistance théologique. Comme Mexico à la mort du Dr Barreda, Rio-de-Janeiro fit à M. Benjamin Constant des funérailles nationales, purement civiles (1). Un mois après, les députés et sénateurs, réunis pour la première élection du Président et du Vice-Président de la République, avant de passer au vote, adoptèrent à l'unanimité la motion suivante, proposée, au nom des six premiers ministres de la République, par l'un d'eux, M. Quintino Bocayuva :

« Considérant que nous sommes de plus en plus
« gouvernés par les Morts et que la vénération pour
« les grands patriotes décédés est un sentiment qui
« contribue à l'élévation morale de l'homme et au per-
« fectionnement des mœurs publiques...;

« LE CONGRÈS NATIONAL CONSTITUANT prend la résolution
« qui suit :

« Le Fondateur de la République brésilienne, Ben-
« jamin Constant Botelho de Magalhaës, né le 18 oc-
« tobre 1833, a quitté la vie objective pour l'Immortalité,
« le 22 janvier 1891.

« Le Peuple brésilien, par ses représentants au Con-
« grès national, s'enorgueillit de ce qu'il lui soit donné
« de présenter ce beau modèle de toutes les vertus à ses
« futurs Présidents. »

---

(1) C'est pour associer le Positivisme à ces hommages publics que, par décision de M. Pierre Laffitte, le portrait de M. Benjamin Constant se trouve placé, depuis cette époque, à côté de celui d'Auguste Comte, dans l'appartement de la rue Monsieur-le-Prince, n° 10.

IX

La Chapelle de l'Humanité de Rio-de-Janeiro.

L'importance pour l'action positiviste de la Révolution de 1889, si caractéristique au point de vue politique, ne l'est pas moins au point de vue de la liberté religieuse que notre République a définitivement consacrée.

Un des premiers actes du nouveau Gouvernement fut de décréter la séparation de l'Eglise et de l'Etat, avec ses conséquences : liberté de la presse, mariage civil, etc. (1). Comme, dans l'ordre politique, cette séparation obligeait l'Eglise romaine à se mettre au même niveau que les autres croyances, quelles qu'elles fussent, le clergé brésilien, habitué au régime du *placet* et des subventions, se regarda comme offensé et opprimé. Il déclara que, la grande masse des citoyens étant catholique, c'est aux membres de la foi catholique que devait appartenir le gouvernement, pour être véritablement celui de la majorité (2).

L'appréciation, plus calme, plus réfléchie, d'une situation qui lui laissait une entière liberté spirituelle, appréciation facilitée surtout par quelques actes énergiques du Gouvernement provisoire, vint modifier l'attitude du clergé catholique, qui parut vouloir se conformer aux lois.

---

(1) Les positivistes brésiliens, sous le régime monarchique, n'avaient cessé de réclamer l'établissement du mariage civil avec ses compléments : l'institution de l'état civil et la laïcisation des cimetières. La Constitution impériale ne reconnaissait d'autre union légale que celle qui avait été bénie par un ministre théologique, catholique ou protestant. C'est pourquoi, en juin 1882, lorsque M. Miguel Lemos, en vertu d'une délégation de M. Pierre Laffitte, conféra le sacrement du mariage à M. R. Teixeira Mendes, celui-ci dut faire consacrer son union par un pasteur méthodiste. En janvier 1882, M. Lemos, directeur, s'était contenté du rit théologique.

(2) Le clergé oubliait alors que la doctrine catholique proclame précisément le contraire. De nombreux conciles prouvent que l'Eglise s'est toujours soumise à l'inspiration de la troisième personne.

La liberté de pouvoir procéder publiquement aux manifestations religieuses, tant de la religion catholique que des croyances qui lui sont le plus opposées ou étrangères et dont jusque-là l'exercice avait été interdit, donna lieu à l'expansion franche de toutes. Par cette mise à exécution de la Constitution, le clergé romain, qui durant tant de siècles avait été privilégié, fut obligé de justifier sa prétendue suprématie par les seuls procédés spirituels. Il ne cacha point la répugnance que lui inspirait cette stricte application de la loi; il témoigna par tous les moyens en son pouvoir combien il en était révolté, et il se mit en devoir de combattre toutes les doctrines rivales, et par-dessus tout le Positivisme.

Le Gouvernement provisoire ayant compté parmi ses membres deux esprits profondément attachés au Positivisme, et les disciples d'Auguste Comte ayant tenu à témoigner à ces deux ministres, comme c'était leur devoir, leur reconnaissance pour ce qu'ils ont réalisé de noble et de juste, le clergé catholique a cru reconnaître, dans ce double fait, une tendance de l'Etat à favoriser notre croyance, en violation de la Constitution républicaine.

La religion positive fournit des notions à la fois réelles et générales; c'est ce qui lui assure la supériorité dans toutes les circonstances où elle est appelée à intervenir. C'est pourquoi, si l'on veut expliquer son ascendant aux défenseurs du catholicisme, il ne suffit pas d'établir leur incompétence à diriger les esprits et à dominer les consciences, il faut surtout rappeler les conditions d'existence de tout gouvernement dans les sociétés modernes. Que l'on jette les yeux sur les formes variées de la démence sociale et que l'on dise si, dans son art de guérir, l'Eglise possède un spécifique susceptible d'hypnotiser cette masse énorme de malheureux qui veut échapper au désespoir, au doute, à l'ennui. L'ère des spécifiques a pris fin avec l'époque correspondante des miracles. C'est aux esprits armés de la foi démontrable qu'il appartient d'acheminer l'homme dans la véritable route, en lui promettant ce qu'on peut effectivement lui donner pour le rendre relativement heureux. Le catholicisme lui-même ne pourra continuer à diriger les individus et les familles qu'en se conformant aux règles de la philosophie d'Auguste Comte, et aux prescriptions de la morale positive, aboutissant de l'évolution mentale et sociale de l'espèce humaine.

L'institution de la liberté spirituelle, résultée de l'avènement de la République, donna droit de cité aux manifestations de la religion de l'Humanité. Cette transformation s'est liée à l'appropriation d'un siège matériel qui contribua beaucoup à soutenir l'activité de l'Apostolat (1). L'historique de cette fondation mérite d'être fait, comme résultat d'une situation acquise et comme excitant pour les centres positivistes qui seront appelés à jouir des mêmes avantages.

La nécessité de quitter l'ancienne habitation où siégea pendant près de neuf années l'Apostolat du Brésil engagea son directeur à faire appel à ses membres pour acquérir, dans le quartier de la Gloria, rue Santa-Izabel, aujourd'hui rue Benjamin-Constant, un terrain sur lequel s'est graduellement édifié le nouveau siège, qui reçut le nom de Chapelle de l'Humanité.

Le 12 octobre 1890 fut posée la première pierre de cet édifice destiné à l'action de la nouvelle religion. Les premiers résultats de l'œuvre, dus à la générosité d'un petit nombre d'adeptes, furent poursuivis au fur et à mesure de l'obtention de nouvelles ressources finan-

---

(1) Voici l'état des souscripteurs au Subside brésilien pendant les années 1891, 1892, 1893, 1894, 1895, 1896.

| 174 | 220 | 193 | 197 | 181 | 194 |

cières (1). Les travaux reçurent une impulsion décisive, grâce surtout à l'importante contribution de deux ingénieurs, dont les noms méritent d'être conservés, M. Rufino de Almeida, qui, lors du premier emprunt, souscrivit dix contos de reis, et M. Ernest Otero, qui compléta le second emprunt par un don de vingt-cinq contos de reis et un prêt de trente. Grâce à ce concours exceptionnel, et aux autres dons qu'il provoqua, les travaux de la Chapelle positiviste purent être complétés et menés à bonne fin. Le nouveau siège se trouve achevé à l'intérieur; il ne lui manque que quelques ornements secondaires et le fini indispensable à la terminaison de l'œuvre.

La Chapelle, inaugurée le 15 août 1891, n'est pas orientée suivant la direction prescrite par Auguste Comte : on ne peut lui obéir en tout, quelque désir que l'on en ait ; il y a des convenances, de temps, de lieu, de matériaux, qui s'imposent, et si l'Apostolat est rigoureux pour autrui, il sait aussi se soumettre au besoin à la loi positive de l'accommodation : Inflexible en principe, conciliant en fait.

Ce modeste édifice a une étendue proportionnée aux besoins du temps présent. Aux meilleures conditions hygiéniques il unit l'élégance résultée d'une ornementation simple, mais bien appropriée. Il possède diverses

---

(1) Il a été fait face aux dépenses de la Chapelle de l'Humanité par un premier emprunt de 20 contos de reis *(a)* (septembre 1890), complété par un second emprunt de 25 contos de reis (avril 1892). Ces emprunts furent émis en titres de 125 francs, à 6 p. 100, remboursables par semestre. — En cas de dissolution de l'Apostolat du Brésil, la propriété de l'édifice reviendra à la ville de Rio-de-Janeiro.

Pour la Chapelle, l'Apostolat a reçu des dons de positivistes occidentaux : de MM. Lagarrigue, de Santiago du Chili; M. Albert Crompton, Mme veuve Carson et Mlle Huchwell, de Liverpool; de MM. Th. Sulman et Richard Congreve, de Londres : ce dernier a fait don, en outre, des bustes qui décorent la Chapelle; de quelques Français, etc.

(a) Le conto de reis or vaut, *en moyenne*, 2,500 francs.

salles, toutes éclairées à l'électricité, consacrées à l'enseignement et au culte, à la bibliothèque, à la librairie; il est pourvu d'un harmonium, qui se fait entendre les jours de fêtes. Dans le sous-sol est installée une typographie, où sont imprimées les publications diverses (opuscules, bulletins, avis) de l'Apostolat.

Dans l'état actuel du nouveau temple, les sommes dépensées s'élèvent à cent contos de reis environ. D'après cette indication, on pourrait supposer, étant donnée la cherté des matériaux et de la main-d'œuvre, que les aménagements de la Chapelle laissent à désirer sous le rapport de l'espace et de la décoration, mais il n'en est rien. Pour se représenter exactement l'importance des sacrifices accomplis, il faut faire entrer en ligne de compte, avec la somme indiquée, les divers concours gratuitement apportés.

En 1892, la Chapelle ayant été imposée par le fisc, M. Miguel Lemos protesta contre cette mesure, en invoquant la loi qui exonère de l'impôt foncier les établissements consacrés au culte; sur le refus de l'Administration de faire droit à sa requête, par la raison que le Positivisme, ne reconnaissant pas Dieu, ne pouvait être une religion, il en appela au ministre des Finances. Celui-ci, après décision du tribunal compétent, dispensa la Chapelle de la taxe dont elle avait été arbitrairement frappée. Depuis lors, le Positivisme se trouve, comme religion, assimilé par le Gouvernement brésilien aux diverses croyances théologiques (1).

---

(1) Ce point de vue n'est pas celui du clergé brésilien, qui continue à voir dans le Positivisme un usurpateur. M. Miguel Lemos, interprétant à tort un conseil d'Auguste Comte, crut devoir (déc. 1892) adresser à l'évêque de Rio-de-Janeiro un don de 60 milreis, renouvelable chaque année. Le refus du prélat fut une déception pour M. Lemos : « Nous « déplorons beaucoup, dit-il, une pareille attitude, et d'autant plus « qu'elle *contredit* les généreuses espérances conçues par notre maître « relativement aux prêtres catholiques de l'Amérique latine. »

X

*Situation actuelle du Positivisme
dans les divers Etats du Brésil.*

Nous terminerons cette partie de notre *Essai* par l'appréciation sommaire de l'état actuel du Positivisme dans les divers Etats du Brésil et d'abord à Rio-de-Janeiro.

1. — La question de discipline et de méthode mise à part, nous voyons que, finalement, l'association présidée par M. Miguel Lemos, plus ou moins systématisée, plus ou moins subordonnée, agit comme le font les autres positivistes groupés ou isolés. L'Apostolat positiviste du Brésil expose la doctrine d'Auguste Comte, à l'aide du culte et de l'enseignement, soit par des fêtes et des commémorations, soit par des conférences et l'explication du *Catéchisme positiviste* ; il intervient, par ses appréciations et ses conseils, dans les actes du pouvoir législatif et du Gouvernement, au moyen de brochures et par l'entremise de la presse quotidienne (1) ; il publie ou traduit des œuvres de propagande et d'enseignement : en résumé, la forme étant réservée, il expose, défend

---

(1) La Révolution de 1889, qui vint modifier le rigorisme de l'Apostolat du Brésil au point de vue politique, le rendit aussi plus traitable en matière de presse quotidienne. Le *Journal officiel* publia des articles de M. Teixeira Mendes, sur le drapeau national. Dès lors, les positivistes complets et les prosélytes eurent la permission de participer au journalisme, « pour des communications urgentes et d'effet immédiat ou pour de simples annonces ». M. Miguel Lemos consacra cette modification dans sa *Onzième circulaire annuelle* (1891) : « Un grand nombre « des publications dont, dit-il, je viens de vous entretenir sont des « articles insérés dans la section « libre » du *Jornal do Commercio*. Ce « fait constituant une modification de notre attitude antérieure, carac- « térisée par une complète abstention de ce moyen de publicité, je « dois vous présenter les raisons qui motivèrent et justifient cette « atténuation d'une règle de conduite conçue d'abord d'une manière « absolue. » Cette explication (pages 37 à 41) consiste à distinguer dans le journal l'organe spirituel, qui reste prohibé, et l'agent de publicité, seul autorisé à la condition expresse que l'auteur des articles *payera* pour leur insertion, comme il le ferait pour une annonce.

et juge comme le font partout les disciples d'Auguste Comte (1).

La Chapelle est ouverte régulièrement tous les dimanches. Le sous-directeur de l'Apostolat en est le dévoué et actif conférencier; l'esprit qui l'anime pourrait être qualifié d'excellent, s'il ne manquait tout à fait de

---

(1) L'Apostolat du Brésil dispose de ressources importantes. Il réunit, dans un même budget, le Subside proprement dit et le fonds typographique. Les recettes qui, en 1884, montaient à 2,615 milreis, avaient, en 1888, atteint 3,876 milreis; elles ont depuis augmenté considérablement avec la République; nous en donnons le relevé pour les années suivantes :

1889	4.097 milreis		1893	23.525 milreis
1890	8.857		1894	22.855
1891	17.211		1895	21.151
1892	26.011		1896	21.911

Ce budget est alimenté surtout par des souscripteurs brésiliens, parmi lesquels il faut signaler le centre de Sao-Paulo, dirigé par M. José Feliciano, dont la contribution mensuelle a dépassé, en moyenne, 500 francs, et quelques Occidentaux, comme M. Ingram (de Dublin), pour L. 10; M. W.-F. Blake, pour L. 100 (2,500 francs); le centre de M. Richard Congreve (de Londres), qui, outre son subside, a couvert en totalité les frais d'impression du rapport de 1882 et, de compte à demi avec l'Apostolat, ceux de l'édition Lagarrigue du *Catéchisme*, etc.

Une partie de ces recettes est employée à des subventions, comme cela a été le cas, de 1888 à 1894, pour M. J. Lagarrigue à Paris, et au traitement des deux directeurs de l'Apostolat du Brésil. De 1890 à 1896, M. Miguel Lemos a touché 23,300 milreis, et M. Teixeira Mendes, 21,800. Leur traitement individuel, qui, depuis 1892, est au même taux, a été porté, en 1896, à 4,800 milreis (*a*).

Comme on le voit, grâce au dévouement de ses disciples, l'Apostolat du Brésil est, de beaucoup, le mieux renté de tous les centres positivistes. Il laisse bien loin derrière lui le centre occidental parisien, dont le subside n'a jamais atteint 14,000 francs et n'a pu assurer à son chef un traitement annuel de 6,000 francs. En effet, si l'on prend la moyenne des trois périodes de treize années qui ont constitué la durée active de la direction de M. Pierre Laffitte, on voit qu'il a touché : 323 fr. 15 c. par an dans la première période, caractérisée par les cours d'Histoire générale de l'Humanité, de Synthèse subjective et de Philosophie première; 4,519 fr. 65 c. dans la deuxième, remplie par les cours de Morale théorique et pratique et par la fondation de la *Revue occidentale*; 3,932 fr. 75 c. dans la dernière, consacrée à la Philosophie troisième (Industrie positive), et à l'exposition du catholicisme, des divers aspects de la civilisation moderne et de la Révolution française.

(*a*) « Le franc peut être calculé, en moyenne, à 400 reis, soit le milreis à 2 fr. 50 c. » (Note de M. Miguel Lemos, *Rapport de* 1889, p. 56.) — Ainsi, à ce taux, le traitement de chacun des directeurs équivaudrait à 12,000 francs, et les recettes de 1896 représenteraient plus de 60,000 francs.

mesure quand il s'agit de M. Pierre Laffitte. C'est, en effet, M. Teixeira Mendes qui supporte tout le poids de la propagande orale, à ce point que, durant le voyage qu'il fit en Europe, en 1897-98, la prédication du dimanche fut totalement suspendue, et, jusqu'à son retour, la Chapelle resta silencieuse, même le jour anniversaire du centenaire de la naissance d'Auguste Comte.

L'auditoire de l'Apostolat est composé d'une centaine de personnes, dont un tiers de dames et deux tiers d'hommes, la plupart élèves des écoles militaires, qui au très vif sentiment de la Patrie unissent l'amour de l'Humanité. Ce public choisi de la société de Rio assiste, très régulièrement, avec le plus grand respect, soit aux réunions consacrées à la partie doctrinale hebdomadaire, soit aux fêtes commémoratives.

On peut constater, par la nature d'esprit des assistants qui fréquentent la Chapelle apostolique de la rue Benjamin-Constant, que, quelle que soit la forme de propagande adoptée pour faire prévaloir le Positivisme, la tendance manifeste chez tous est en faveur de la démonstration, de la raison, du pourquoi de toutes choses, philosophiques, sociales et morales.

II. — Parmi les divers groupes brésiliens, la préséance comme ancienneté appartient à l'Etat de Sao-Paulo, qui a été le foyer d'où a graduellement rayonné, dans tout l'Empire, la propagande de la foi positive. Sa capitale possède une Société positiviste, régulièrement constituée et ayant un subside spécial; elle a été fondée il y a dix-sept ans, en septembre 1881, sous la présidence de M. Godofredo Furtado, avec le concours de MM. Cypriano José de Carvalho, José de Leaõ et Antonio da Silva Jardim. Depuis le 5 septembre 1883, où l'anniversaire de la mort d'Auguste Comte fut fêté publiquement pour la première fois à Sao-Paulo, jamais aucun anniversaire ou événement important de la religion de l'Humanité n'a manqué d'y être célébré. L'orateur qui a présidé ces diverses commémorations dans ces dernières années, M. José Feliciano, l'un des membres les plus distingués de ce groupe important, effectue au siège de la Société, chaque dimanche, une exposition de l'ensemble du Positivisme.

L'enseignement public de l'Etat de Sao-Paulo a été réformé par son ministre républicain, le regretté Cesario Motta. Aussi ferme dans sa croyance positiviste que réfléchi dans ses applications, cet homme d'Etat, en raison même de son audacieuse sagesse, ne fut pas toujours compris, ni par ceux qui l'entouraient ni même par ceux au nom desquels il agissait comme ministre. Ses deux créations, le Gymnase et l'Ecole Modèle, ont, plus que nulle autre au Brésil, été inspirées par la doctrine régénératrice. M. Cesario Motta introduisit la hiérarchie des sciences d'Auguste Comte dans l'enseignement du Gymnase et de l'Ecole normale, où deux chaires sont courageusement occupées par deux positivistes, M. Godofredo Furtado et M. José Feliciano. A l'Ecole Modèle, destinée aux jeunes filles, Mme Julia A. d'Azevedo parfume le pain sacré de l'éducation qu'elle transmet à la jeunesse, combinant le sentiment affectif avec les rayons étincelants de la vérité, telle que notre religion seule l'embrasse, dans son intégrité et sa pureté. A son exemple, à ses côtés, comme positiviste, son frère, M. Gabriel A. d'Azevedo, concourt à l'œuvre de Cesario Motta, dont la mémoire inspire les enseignements et, comme le levain dans la pâte, développe les germes que renferme cette institution d'avenir.

Si les limites de ce travail le permettaient, nous pourrions désigner maintes fonctions publiques dignement remplies, dans cet Etat, par des coreligionnaires dévoués, s'efforçant, à des degrés divers, de hâter le plus possible l'avènement de la prépondérance sociale de la foi positive. Par la parole ou par la plume, beaucoup d'autres, à l'exemple de MM. Geronymo d'Azevedo, Joaquim da Silveira, Sebastião Hummel, Francisco Germano de Medeiros, servent, pour ainsi dire chaque jour, la cause du Positivisme.

Enfin, des publications spéciales, opuscules ou traductions d'ouvrages occidentaux, viennent compléter cet ensemble d'actions concourantes (1).

III. — Dans l'Etat de Rio-Grande do Sul, on doit reconnaître que le Positivisme a marché d'une manière peut-être encore plus efficace et plus résolue que dans l'Etat de Sao-Paulo, d'où cependant lui étaient venus les premiers apôtres.

L'Etat de Rio-Grande a fourni au premier gouvernement de la République un ministre, M. Demetrio Ribeiro. En cette qualité, pendant les deux mois de son ministériat (2), et de concert avec M. Benjamin Constant, il eut non seulement à justifier et à défendre, auprès de ses autres collègues, les mesures qu'il se proposait de faire prévaloir, telles que la laïcisation des cimetières (3) et de l'enseignement public, la séparation de l'Eglise et de l'Etat, l'organisation du drapeau avec la devise *Ordre et Progrès*, le libre exercice des professions, etc., mais à les contresigner comme lois et à les faire passer dans la pratique. Cet éminent disciple d'Auguste Comte a lié son nom à cet ensemble de mesures, qui sont devenues, pour beaucoup de ses concitoyens, un juste sujet d'orgueil.

Si la Constitution de l'Etat de Rio-Grande, proclamée

---

(1) *O Natal da nova religaõ*, versos p. José Feliciano, 1898. — *Lucia*, novella de C. de Vaux trad. p. Mme D. Rita Feliciano de Oliveira, e *A. Comte e C. de Vaux*, artigo de Aimel (Aimelatille), trad. p. José Feliciano. S. Paulo, 1897.

(2) M. Demetrio Ribeiro occupa le ministère de l'Agriculture en décembre 1889 et janvier 1890.

(3) Malgré les efforts des positivistes et de l'Apostolat, le monopole des inhumations est encore aux mains de la confrérie théologique la *Santa Casa de Misericordia*.

au nom « de la Famille, de la Patrie et de l'Humanité », ne représente pas l'idéal que pourrait concevoir un adepte rigide de notre école philosophique, elle est, sans aucun doute, au point de vue positiviste, celle qui a réalisé le plus grand progrès. Elle a rencontré, dans la personne de M. Julio de Castilho, l'esprit fort et préparé par l'étude approfondie d'Auguste Comte que le gouvernement du Rio-Grande et sa nouvelle orientation réclamaient.

Il y a dans la législation de cet Etat des solutions de notre école meilleures et plus élevées que dans celle d'aucun des autres Etats de l'Union et même de la Constitution fédérale. Celle-ci établit la liberté des cultes et des professions, celle du Rio-Grande va, en ce qui concerne l'instruction publique, jusqu'à limiter l'intervention de l'Etat au seul enseignement primaire. Sous ce régime, diverses fondations ont été réalisées grâce à la seule initiative privée. Il semble que la situation relativement prospère du grand Etat de l'extrême sud doive être attribuée aux vues larges suggérées à quelques-uns de ses hommes politiques par l'esprit de notre doctrine.

Il existe dans l'Etat de Rio-Grande beaucoup d'esprits préparés déjà, d'autres en voie de l'être, que, non sans surprise, l'avenir verra surgir et pour son grand profit. Nous n'hésitons pas à leur donner ici, et dès à présent, la qualification de *primus inter pares*.

IV. — Quoique moins éminente, la situation du Positivisme dans les autres Etats brésiliens n'en est pas moins encourageante.

A Pernambuco, M. Annibal Falcao a été un des plus dévoués propagateurs de notre évangile. Quoique cet Etat soit, d'après ses antécédents civiques et républicains, un des plus avancés politiquement, il est à remarquer que son degré de culture positiviste n'a pas répondu au développement des centres déjà mentionnés.

Dans l'Etat de Paraná, un de nos confrères, habitant

la ville de Corytiba, le Dʳ Carvalho de Mendonça, a témoigné, dans plusieurs interventions politiques, de sa complète émancipation des doctrines théologiques.

Dans l'Etat du Maranhao, où l'un des vétérans du Positivisme brésilien, le Dʳ Brandao, professeur de chimie au lycée Maranhense, a propagé nos croyances, M. Oscar Ferreira et quelques autres coreligionnaires se sont réunis pour célébrer le centenaire de la naissance d'Auguste Comte. Ce fait, bien significatif, nous permet d'augurer que d'autres manifestations auront lieu dans la même direction.

Le grand Etat du Pará est un des derniers appelés à jouir de cette civilisation pleinement humaine qui nous vient du passé. Toutefois sa capitale, Belem, possède un club positiviste; avant cette fondation, des opinions favorables à nos convictions s'y étaient produites, et depuis, comme en témoignent les écrits de M. Lauro Sodré, cette tradition s'y est maintenue dans les relations, tant civiques que fraternelles, inspirées et soutenues par l'action centrale.

De ce que, à Rio-Grande do Sul comme à Belem du Pará, qui sont aux deux extrémités du Brésil, la philosophie régénératrice a rencontré et continue à s'agréger des éléments de vitalité, son adoption ne peut manquer de s'imposer, comme elle y arrive effectivement, au centre géographique de la Fédération, le très vaste Etat de Minas-Geraës. Cet Etat, par suite de son étendue et aussi de sa position mitoyenne, ne nous offre pas actuellement une situation très avantageuse, bien que, à des époques antérieures, il ait envoyé à la représentation nationale des députés qui se sont signalés suffisamment dans la défense du Positivisme. La tradition honorable, le caractère de ce peuple, la qualité de l'enseignement qui s'y donne, tout cela nous fait bien augurer de sa future collaboration.

Conclusion.

A présent, on comprend, et de mieux en mieux, comment le courant philosophique, qui s'est étendu à tout le Brésil, et qui, par l'intermédiaire de M. Barreto et de M. Pierre Laffitte, remonte à Auguste Comte lui-même, devra aller toujours en grossissant jusqu'au moment opportun où il aura à assumer le rôle, social et moral, qu'il est appelé à jouer. De même que, dans la période de gestation d'un fruit quelconque, la plus grande partie, sinon la totalité, des phénomènes de développement s'accomplissent hors de la portée de nos moyens d'investigation immédiats, ainsi, dans la vie des choses et, pour ainsi dire, dans la vie des idées et des sentiments, il y a des moments de très grande indétermination et des phénomènes d'une délicatesse telle que, malgré leur nature objective, ils échappent à la vue et à toute pondération. Quiconque a le bon sens nécessaire, quiconque sait compter sur l'action suprême du temps, mettra sa ferme foi dans les lois qui gouvernent les sociétés humaines.

Ces considérations nous sont dictées par des observations, aussi multiples que fondées, aussi étendues que précises, de notre milieu social.

Nous pouvons tomber d'accord que le but est identique, quel que soit le moyen adopté pour l'atteindre; mais personne ne saurait contester que le choix de la méthode et l'opportunité de son application constituent un point capital pour la réalisation la plus rapide et la plus naturelle d'une fin quelconque.

Que chacun fasse donc son devoir comme il l'entend, comme il le peut; mais tout le monde doit se convaincre que la valeur de ce devoir restera éternellement relative.

En agissant ainsi, nous consoliderons à la fois l'avancement de notre doctrine et notre commune fraternité.

Nous aurions pu et dû mentionner beaucoup de faits récents qui prouvent l'ascendant de notre religion; mais une telle extension aurait dépassé le cadre que nous nous sommes imposé. La réalité des choses dira bientôt, plus que nos espérances ne pourraient le faire concevoir, ce que l'avenir nous réserve, pour le bien et le bonheur de la communion positiviste.

Rio, 23 Archimède 110.
(17 avril 1898.)

LA STATUE D'AUGUSTE COMTE A PARIS

COMMISSION EXÉCUTIVE

Pierre Laffitte, président; Ch. Jeannolle, vice-président; Dr Constant Hillemand, secrétaire; Emile Antoine, trésorier; Emile Corra, Auguste Keufer, Camille Monier.

Une *Souscription internationale* est ouverte pour ériger à Paris une statue à

Auguste COMTE

Cette statue sera élevée sur la place de la Sorbonne; l'inauguration en a été fixée au 2 septembre 1900.

On souscrit :

A Paris : Au siège de la Société positiviste, 10, rue Monsieur-le-Prince (M. Emile Antoine, trésorier).

Au Havre : Au Cercle Auguste Comte, salle Franklin (M. Albert Krause, président).

A Budapest : Au Cercle d'Etudes positivistes, VII, Hungaria Körnt, 237 (M. Samuel Kun, président).

A Copenhague : Chez M. Harald Hoffding, professeur de philosophie à l'Université.

A Gênes : Aux bureaux de la *Rivista critica di filosofia scientifica*, via Assarotti, 46 (M. Enrico Morselli, directeur).

A Londres : Chez M. Frederic Harrison, président du Comité anglais, 38, Westbourne Terrace, Hyde-Park, W.

A Stockholm : Chez M. le Dr Anton Nyström, 17, Master Samuels Gatan.

A Buenos-Ayres : Chez M. J.-L. Kin, architecte, Oficina Tecnica del Ferro-Carril del Sud, Plaza Constitucion.

A Mexico : Chez M. Agustin Aragon, ingénieur, trésorier du Comité mexicain, 5ª de Carpio, n° 2817.

A Rio-de-Janeiro : Chez M. Léon Simon, 55, rua da Alfandega.

Versailles. — Imprimerie Aubert, 6, avenue de Sceaux.

www.ingramcontent.com/pod-product-compliance
Lightning Source LLC
LaVergne TN
LVHW021003090426
835512LV00009B/2054